essentials

essentials liefern aktuelles Wissen in konzentrierter Form. Die Essenz dessen, worauf es als „State-of-the-Art" in der gegenwärtigen Fachdiskussion oder in der Praxis ankommt. *essentials* informieren schnell, unkompliziert und verständlich

- als Einführung in ein aktuelles Thema aus Ihrem Fachgebiet
- als Einstieg in ein für Sie noch unbekanntes Themenfeld
- als Einblick, um zum Thema mitreden zu können

Die Bücher in elektronischer und gedruckter Form bringen das Expertenwissen von Springer-Fachautoren kompakt zur Darstellung. Sie sind besonders für die Nutzung als eBook auf Tablet-PCs, eBook-Readern und Smartphones geeignet. *essentials:* Wissensbausteine aus den Wirtschafts-, Sozial- und Geisteswissenschaften, aus Technik und Naturwissenschaften sowie aus Medizin, Psychologie und Gesundheitsberufen. Von renommierten Autoren aller Springer-Verlagsmarken.

Weitere Bände in der Reihe http://www.springer.com/series/13088

Thomas Schmidt

Elemente des deutschen Theatersystems

Praxis Kulturmanagement

Thomas Schmidt
Hochschule für Musik
und Darstellende Kunst
Frankfurt am Main
Deutschland

ISSN 2197-6708 ISSN 2197-6716 (electronic)
essentials
ISBN 978-3-658-21001-4 ISBN 978-3-658-21002-1 (eBook)
https://doi.org/10.1007/978-3-658-21002-1

Die Deutsche Nationalbibliothek verzeichnet diese Publikation in der Deutschen Nationalbibliografie; detaillierte bibliografische Daten sind im Internet über http://dnb.d-nb.de abrufbar.

Springer VS

Gedruckt auf säurefreiem und chlorfrei gebleichtem Papier

Springer VS ist Teil von Springer Nature
Die eingetragene Gesellschaft ist Springer Fachmedien Wiesbaden GmbH
Die Anschrift der Gesellschaft ist: Abraham-Lincoln-Str. 46, 65189 Wiesbaden, Germany

Was Sie in diesem *essential* finden können

- die wesentlichen Merkmale und Elemente des deutschen Theatersystems,
- die aktuelle Gliederung und Wirtschaftsstruktur der deutschen öffentlichen Theater,
- die Leistungsfähigkeit und Wirksamkeit der Theater,
- die Krisen des Theaters und deren Merkmale, sowie
- die Entwicklungsoptionen für die Zukunft der Theaterlandschaft.

Dabei geht dieses *essential* auf die drei wesentlichen Krisen der Theater ein:

- die Strukturelle und Kulturelle Krise,
- die Krise der Überproduktion und
- die Legitimationskrise.

Für Laura und Noah

Inhaltsverzeichnis

1 Einleitung

Die Theaterlandschaft ist der größte kulturelle Komplex und das gewichtigste künstlerische Feld in Deutschland – geteilt in die freien Theater, zu denen Produktionshäuser, Festivals und freie Gruppen gehören, und die immer noch deutlich größeren öffentlichen Theater. Gegenwärtig arbeiten etwa 40.000 Mitarbeiter in den ca. 130 öffentlichen Theatern und erreichen Jahr für Jahr etwa 19 Mio. Zuschauer – das sind mehr Zuschauer p. a. als in der ersten und zweiten Fußball-Bundesliga zusammen (Saison 2016/2017, kicker).

Die öffentliche Theaterlandschaft ist die Summe und Vielfalt aller deutschen Ensemble-Theater, die von kleinen Landestheatern, in Tübingen oder Parchim, bis zur Opernstiftung in Berlin mit mehr als 1500 Mitarbeitern reicht. Zu den wesentlichen Alleinstellungsmerkmalen zählen: der Ensemble- und Repertoirebetrieb, das Intendantenmodell, der Manufakturbetrieb, die öffentlichen Gesellschafter (Land und/oder Kommunen) und der dadurch bedingte, hohe Anteil öffentlicher Zuwendungen an den Gesamtbudgets der Theater.

Während die **Zuschauerzahlen** seit Jahren insgesamt um 19 Mio. jährlich schwanken, ist die Zahl aller Vorstellungen auf ca. 64.000 deutlich angestiegen. Überproportional gestiegen sind auch die Kosten für eine Vorstellung, also einen Abend, an dem sich die Pforten des Theaters öffnen. **Eine Vorstellung** am Abend kostet heute **47.000 €,** das entspricht einem Wachstum von 31 % seit 1999, während die Einspielquote – also das, was ein Theater an der Abendkasse verdient – nur um 13 % gestiegen ist.

Angesichts der Krisen und ihrer verschiedenen Auswirkungen, vor allem aber aufgrund der raschen Änderung der gesellschaftlichen Umwelt und Rahmenbedingungen wird es zukünftig darum gehen, die **Kultur** und die **Identität des Theaters** weiter zu entwickeln. Welche gesellschaftlichen Aufgaben kann das Theater noch übernehmen, mit welchen Institutionen könnte es sich zusammenschließen oder

T. Schmidt, *Elemente des deutschen Theatersystems,* essentials,
https://doi.org/10.1007/978-3-658-21002-1_1

kooperieren, um den Menschen ein kulturelles Zuhause zu geben. Dabei geht es auch um mehr Diversität und *Interkulturalität,* also um Gerechtigkeit, Öffnung und einen geweiteten Blick, der sich mit einer international vernetzten Gesellschaft ebenso auseinandersetzen muss, wie mit der zunehmenden *Interkultur* im eigenen Land.

Das schließt ein, dass das Theater **neue Felder zu besetzt,** die sich an der Schnittstelle zwischen Kunst und Gesellschaft befinden. Hierzu gehören zum einen die gesellschaftlichen Entwicklungen, die zu einer Neudefinition der kulturellen Identität, aber auch der institutionellen Kontexte führt.

Eine zweite Überlegung geht dahin, wie das Theater seine **komparativen Vorteile** zukünftig einsetzt und über die bisher nach außen limitierten Verknüpfungen hinaus zur Verfügung stellt. Hier müssen sich weitere neue Schnittstellen bilden zu den Bereichen der Film- und Medienproduktion, zu Werbefirmen, Musik- und Künstleragenturen, freien Produzenten und freien Gruppen, die in einem möglichen neuen Theatermodell gemeinsam mit dem öffentlichen Theater agieren und interagieren könnten.

2 Die Ursprünge des modernen deutschen Theaters

Das deutsche Theater in seiner heutigen Form hat seinen Ursprung im Hoftheater. Ein Fürst bestellte einen Intendanten, der meist selbst dem niederen oder mittleren Adel angehörte, und der zuerst als Verbindungsmann zwischen den Wünschen des Hofes und der jeweiligen Schauspieler bzw. der dort spielenden Truppe vermittelte. Dieser Prozess etablierte sich zunehmend, und mit der Zeit wuchs auch die Rolle des Intendanten bzw. Theaterdirektors, der das Programm machte, die Schauspieler engagierte, und zum Teil selbst spielte und Arbeiten bei der Einrichtung der Texte und der Szenen übernahm.

Mit Lessing und seiner *Hamburgischen Dramaturgie* setzte eine Modernisierung ein, die nicht nur mit der Etablierung des Begriffes der Dramaturgie einherging, sondern auch mit Fragen einer professionalisierten Theaterleitung und der Verbesserung der Aufführungsqualität und des Spiels der Schauspieler (Lessing 1767). Dies übertrug sich auf Mannheim, wo Lessings Gedanken bei Dahlberg und Schiller auf fruchtbaren Boden trafen (Mannheim ab 1767). Schiller der später nach Weimar kam, wurde als wichtiger Dramatiker und Berater Goethes zugleich ein Träger dieses Gedankens. Damit wurde das Weimarer Hoftheater sehr bald zu einem Theaterzentrum der *Deutschen Klassik* (1791–1817), allerdings niemals zu einem Modelltheater. Weimar blieb der höfischen Tradition zu stark verhaftet. Karl Immermann schuf nur 20 Jahre später in Düsseldorf die erste *Musterbühne* (1834–1837), mit einem Theaterverein und Freundeskreis, der als juristisches Gerüst des Theaters fungierte. Zwar erlitt auch Immermann finanziellen Schiffbruch, doch seine Gedanken werden fortgeführt. Die nächsten Impulse gibt es schließlich mit dem von L'Arronge begründeten Theaterimperium in Berlin, das später von Max Reinhardt übernommen und vor allem am Deutschen Theater in Berlin (1905–1930) zu einem internationalen Erfolg geführt wurde; als Ensembletheater und eines der führender Schauspielhäuser des frühen modernen

T. Schmidt, *Elemente des deutschen Theatersystems*, essentials,
https://doi.org/10.1007/978-3-658-21002-1_2

Theaters gilt auch das Düsseldorfer Schauspiel unter Dumont und Lindemann (bis 1932).

Der Begriff des **modernen Theaters** wird vor allem als Reflexion auf die Moderne und die sich darin herausbildenden Kunstströmungen definiert. Ausführungen zu einer Entstehung eines modernen Theaters aus betrieblicher Sicht gibt es allerdings nicht. Zum einen sind frühe künstlerische Reformen zum Ausgang des 19. und Beginn des 20. Jahrhunderts zu verzeichnen, hier insbesondere durch Appia, Gordon Craig, Mejerhold und später auch Stanislawski, die eine neue Schauspielkunst entwickeln und erstmals überhaupt eine Kunst des Regieführens etablieren.

Als Theaterleiter ragen in der ersten Reformphase **Otto Brahm,** später **Max Reinhardt** und in der dritten Phase **Erwin Piscator** und **Bertolt Brecht** heraus. Im Mittelpunkt steht in der ersten Phase eine scharfe Kritik am sog. illusionistischen Theater, aus der eine Hinwendung zum *Naturalismus* folgt. Das Theater will sich aus der zu engen Umarmung des Textes befreien und als eigene Kunstform etablieren – was ihm auch gelingt, wobei der Text weiterhin im Mittelpunkt steht.

Damit wurde der **Regisseur** zur zentralen Künstlerfigur und Kraft des Theaters; in einer Zeit, in der die Proben nur fünf bis zehn Tage dauerten, und Stücke noch bis 1930 in zwei bis drei Wochen durchgestellt wurden. Das änderte sich bereits mit Stanislawski, später mit Reinhardt, und insbesondere mit Brecht, der an seinen Stücken oft bis zu einem Jahr probierte oder probieren ließ. Wenn sich die Probenzeiten heute auf einen Zeitraum zwischen 5 bis 8 Wochen reduzieren, liegt dies an den Vorgaben des Theaterbetriebes, der klare terminliche Zeitvorgaben für Bauprobe, Technische Einrichtung und Premiere setzt, sowie an der *Mehrdimensionalität* des Betriebes, der aufgrund seiner eng getakteten Disposition aus Premieren, Wiederaufnahmen, Vorstellungen und Proben, kaum noch Ausweichmöglichkeiten vorsieht (Schmidt 2012).

Das Einsetzen eines modernen Spiels und eines modernen Inszenierungsstils kann in Deutschland etwa mit dem Jahr **1911** angesetzt werden, etwa zeitgleich mit dem Großprojekt *Ödipus* (München 1910; Berlin 1911), eine Inszenierung Max Reinhardts, in der dieser auch technische Maßstäbe setzte.

Wichtige Elemente dieser Zeit waren die baldige Verknüpfung des Theaters mit

1. **avantgardistischen künstlerischen Strömungen** (Expressionismus, Bauhaus, Surrealismus, Kubismus, Abstraktion),
2. mit anderen, z. T. **trivialeren Genres** (Kino, Film, Varieté, Zirkus), woraus zum Beispiel die neue Kunstform des Cabarets, oder die Öffnung der Arena-Arbeiten Max Reinhardts (Ödipus 1910/1911) entstanden,

3. die Nutzung von **Collage- und Montagetechniken** auf der Bühne (zuerst bei PISCATOR) und
4. die Erschließung von **neuen Theaterräumen** auch außerhalb des Theaters (Max Reinhardt im Zirkus Schumann 1911).

Nachdem sich der – zumeist künstlerisch und administrativ agierende – Intendant um 1900 die zentrale Machtstellung verschafft hatte, und das fein austarierte **Gleichgewicht** des Theaters zwischen künstlerischen und administrativen Aspekten damit außer Kraft setzte, fanden keine wesentlichen betrieblichen Reformen mehr statt. Bereits die zentrale Rolle des Regisseurs ohne künstlerisches (Dramaturg) oder administratives (Produzent) Gegengewicht auf Augenhöhe zeugt von diesem Ungleichgewicht, und wird auf leitender Ebene – Intendant mit ihm meist **unter**geordneten Chefdramaturg und Geschäftsführer/Kaufmännischer Direktor – gespiegelt. Weitere Reformen des Theaterbetriebes und dessen dringliche Modernisierung fanden nicht statt und blieben bei der Neudefinition der Rolle und Funktion des Intendanten stehen. Die Gründe hierfür sind vielfältig. Es geht dabei um eine Form des Erhalts der eigenen Macht und der Sicherung des eigenen Rufs auch für die Nachwelt (zum modernen Theater und seinen Entwicklungsimpulsen s. Abb. 2.1).

Vor diesem Hintergrund vollzog sich die **historische Entwicklung des Theaters** und seines Betriebes seit dem Jahr 1875 in fünf Phasen:

- **PHASE 1:** mit der **Entstehung moderner Theaterbetriebe** im Zeitraum zwischen 1875 und 1905, etwa zeitgleich zu den großen Entwicklungsepochen des realistischen und des naturalistischen Theaters (wichtige Uraufführungen von Ibsen, Strindberg, Hauptmann und Schnitzler; geschlossene Theatervereine um Zensur und Polizeigewalt zu umgehen).

Otto Brahm/ Ibsen	Max Weber	**Max Reinhardt**	Arnold Schönberg	**Max Reinhardt**	**K.S. Stanislawskij**	Strawinsky/ Daghilew	Barnowsky (Dt. Künstler-Theater)	Pirand. **Brecht Beckett Artaud**
1894	1904	1905	1908	1910	1911	1913	1915	1923 ff
DT Berlin	Protest. Ethik	DT Berlin	2. Streich-Quartett	Ödipus	Moderne s Spiel	Sacre	Theater-Imperium	Modern. Drama

Abb. 2.1 Modernes Theater und seine Entwicklungsimpulse. (Schmidt 2018)

Als wichtiger Zeitpunkt ist die Übernahme der Direktion des Deutschen Theaters in Berlin im Jahr **1894** und dessen Ausrichtung auf den Naturalismus durch **Otto Brahm** zu nennen.

In dieser Phase kam es zu einer **Verschmelzung** der Funktion des spielenden ersten Schauspielers (Regisseur genannt) – mit der des Intendanten (in den Hoftheatern meist von Hofbeamten ausgefüllt) und des Impresario in der **Funktion des Intendanten,** bei Staatstheatern in Preußen (Berlin, Kassel) und Bayern, auch General- oder Staatsintendanten. Es kam zur Herausbildung der wichtigsten Theaterfunktionen auf direktorialer Ebene: Technischer, Verwaltungs-, später dann auch Betriebsdirektor, ohne je die Funktion eines Produktionsdirektors einzuführen, wie auch zu wichtigen Theatergründungen und zu einer ersten Welle der Konzentration der Theater in und auf die Stadt Berlin, in der um die Jahrhundertwende 1900 etwa 400 Theater konkurrenzfähig und wirtschaftlich arbeiten konnten (RÜHLE 2005).

- **PHASE 2:** mit der Verstetigung der Konzentrationsprozesse in den Metropolen (Berlin, München, Hamburg) und der **Verbürgerlichung der Residenztheater** im Jahre 1918 bis zum Jahre 1933. Aufgrund der sehr fragilen wirtschaftlichen Situation sind viele Theater 1929 in extreme finanzielle Nöte geraten, Gehälter und Gagen der Schauspieler konnten nicht mehr bezahlt werden; es kam zu Theaterschließungen und zu einer Halbierung der Zahl der Theater zwischen 1929 und 1933 in Deutschland mit herben Verlusten in Berlin (ebenda).
- **PHASE 3:** mit der **Gleichschaltung aller deutschen Theaterbetriebe** im Jahr 1933 durch die Nationalsozialisten bis zum Ende des 2. Weltkrieges 1945. Diese übernahmen 120 der 167 noch arbeitenden Theater in einen, bei den Kommunen bzw. Ländern verankerten Status. Nur in Berlin blieben 21 Theater vorübergehend gewerblich, und eine geringere Zahl in München, Dresden, Hamburg und Leipzig.
- **PHASE 4:** mit der politisch forcierten Beibehaltung der verstaatlichten Betriebe durch Überführung in das Eigentum der späteren DDR, und in der Bundesrepublik Deutschland in Eigentum der Kommunen und Bundesländer. Bemerkenswert war die Zahl an Neu- oder Wiedergründungen von Theatern in kleinen Städten und Gemeinden in der ehemaligen DDR, sodass die Zahl der Theater sich vorübergehend auf 213 Theater im Jahr 1988 erhöhte, das waren alleine im Osten Deutschlands mehr Theater als heute auf dem Gebiet der gesamten Bundesrepublik und mehr als vier mal so viel Theater, wie heute auf dem Gebiet der Neuen Bundesländer (Rühle 2005, 2014).
- **PHASE 5:** mit der Verschmelzung der ehemaligen DDR auf die BRD, und damit der Theater im Osten Deutschlands auf das neue Hoheitsgebiet. Damit

gingen die volkseigenen Theaterbetriebe an die Kommunen, die Landestheater an die kommunalen Zweckverbände, die Theater in den zukünftigen Landeshauptstädten an die jeweiligen Bundesländer. Es gab für die ostdeutschen Theater und ihre Künstler und Mitarbeiter keine Chance, eigene Modelle zu probieren. Auch wurden in den Verhandlungen zum Einheitsvertrag alle progressiven strukturellen Aspekte, wie der gemeinsame Einheitstarifvertrag für alle Theaterangestellten und Künstler vom Deutschen Bühnenverein abgewehrt.

Nach 1991 setzte dann ein heftiger Strukturanpassungs-Prozess ein, in dem es zu Fusionen und Schließungen kam (FÖHL 2010). Allein die Zahl der Theater auf dem Gebiet der ehemaligen DDR halbierte sich bis 1995, und ein weiteres Mal bis 2015 (DBV 1990–2015).

Die verschiedenen Phasen in ihrer Abfolge haben dazu geführt, dass sich ein modernes, diversifiziertes Theatersystem nicht entwickeln konnte, und sich stattdessen ein öffentliches Theatersystem in **Monokultur** herausbildete. Das öffentliche deutsche Theatersystem in seiner heutigen Verfassung ist damit Produkt eines nicht aufgelösten historischen Dilemmas: ihrer versäumten Modernisierung (Schmidt 2016).

3 Merkmale und Rahmenbedingungen des Deutschen Theatersystems

3.1 Struktur und Merkmale

Die deutsche Theaterlandschaft ist horizontal und vertikal gegliedert, durch eine Teilung zwischen öffentlichen und Freien Theatern/Gruppen auf der einen Seite, und eine Teilung oder besser Schichtung zwischen den öffentlichen Theatern selbst. Dabei besteht die deutsche Theaterlandschaft aus der Summe und Vielfalt aller deutschen Ensemble-Theater, Orchester, Festivals wie auch Freier Gruppen, Bespiel- und Produktionshäuser. Sie wird geprägt durch die Kulturpolitik der Länder und Kommunen.

Die **Merkmale** der öffentlichen Theaterbetriebe sind:

1. Der gesellschaftliche und künstlerische Auftrag;
2. Der Ensemblebetrieb;
3. Der Repertoirebetrieb und der damit eng zusammenhängende Spielplan;
4. Die wirtschaftliche Abhängigkeit von den Zuwendungen der Gesellschafter (ø 84 % d. Gesamtbudgets);
5. Die feste Spielstätte;
6. Der Manufakturbetrieb (alle Funktionen und Gewerke unter einem Dach);
7. Der Spartenbetrieb;
8. Das Intendantenprinzip (Schmidt 2016: 37 f.).

Einige dieser Merkmale befinden sich momentan in einem **Wandlungsprozess,** der über die Merkmale hinaus die Strukturen und Prozesse des Theaters betrifft. Während das Ensemble und das Repertoire heute nahezu noch in allen öffentlichen Theatern zu finden sind, werden sie sich in der Zukunft als Merkmale

T. Schmidt, *Elemente des deutschen Theatersystems*, essentials,
https://doi.org/10.1007/978-3-658-21002-1_3

behaupten müssen. Eine Reihe neuer Kriterien rücken derzeit immer mehr in den Mittelpunkt der Reflexion eines modernen Theaterbetriebes:

- Eine neue Unternehmenskultur, die den Wandel und die Diversität unserer Gesellschaft reflektiert;
- Die zunehmende Mitbestimmung und Partizipation des Ensembles;
- Die Suche nach neuen Formen der Organisation der Struktur, der Leitung und der Produktion;
- Der zunehmende Einfluss der Themen der Gerechtigkeit und der Transparenz;
- noch in den Kinderschuhen: Compliance und Good Governance, als neue Regelungs-Begriffe für ein modernes, faires und zukunftsfähiges Theater.

Repertoireprinzip und Ensemble
Die **klassischen Spielprinzipien** im deutschen Theater sind das Repertoire, das Semi-Stagione, das Stagione-System, und der En-Suite-Betrieb.

Der **Repertoirebetrieb** besteht aus der abwechselnden Aufführung verschiedener im Repertoire gehaltener Inszenierungen innerhalb eines bestimmten Zeitraumes. Das *Stagione-System* umfasst Werke, die in Schwerpunktgruppen, v. a. von Opern, über bestimmte Zeiträume gezeigt werden. Das *Semi-Stagione* ist eine Mischform von Repertoirefolgen und kleinen Stagione-Sequenzen. Der *En Suite* Betrieb findet v. a. im Musical-Bereich statt, wo ein Stück so lange gespielt wird, bis es nicht mehr ausreichend Zuschauer findet. Erst dann wird ein neues Stück auf das Programm gesetzt. Typisch hierfür ist das *Broadway*-System.

Mit der Aushöhlung des Repertoiresystems im Musiktheater weicht auch das bisher sehr prägende Ensembleprinzip auf. Dort wo Sänger, Tänzer, Dirigenten und in zunehmendem Maße auch Schauspieler nur noch für einzelne Produktionen und nicht mehr für ganze oder mehrere Spielzeiten engagiert werden, verschiebt sich das bisher von einem über Jahre gemeinsam und in mehreren Produktionen agierende **Ensemble** immer mehr in Richtung Mischformen aus fest und temporär angestellten Künstlern. Der Ensemblebegriff, der sich immer mehr in Veränderung befindet, muss neu definiert werden (Schmidt 2016).

Das Theater verliert dadurch seine althergebrachte Flexibilität, auf bestimmte Ereignisse (Zuschauereinbruch, Krankheit im Ensemble) mit Spielplanänderungen zu reagieren. Verbunden damit ist auch ein Verlust an **Identität,** die mit Gästen, von denen jeder nur in einer Produktion spielt, nur stark beeinträchtigt herzustellen ist. Das Publikum hatte bislang seine Lieblingsspieler, deren Entwicklung es in den Spielzeiten Inszenierung für Inszenierung mitverfolgen konnte – das wird es in Zukunft immer weniger geben.

Theaterhaus und feste Spiel- und Probenstätten

Nach Untersuchung der aktuellen Theaterstatistik der Spielzeiten 2015/2016 verfügen die Theater heute im ø über ca. vier verschieden Spielorte. In der Spitze haben Theater heute sogar bis zu einem Dutzend Spielorte, wie zum Beispiel das Theater Freiburg (DBV 2017).

Während die gegenwärtig ca. 130 öffentlichen Theater unter einem festen Dach produzieren, sind viele, auch die renommiertesten und leistungsstärksten der freien Gruppen darauf angewiesen für ihre Produktionen fremde Standorte zu finden. Zum einen sind dies die ca. zehn Produktionshäuser, unter denen das *HAU 1,2,3, Kampnagel,* der Frankfurter *Mousonturm* und die Berliner Sophiensäle herausragen, in zunehmenden Maße auch Festivals (u. a. *Ruhrtriennale, Impulse Festival, Spielart München*), die seit geraumer Zeit für die renommierteren der freien Gruppen als Abspielorte dienen.

Öffentliche Finanzierung

Das Merkmal der öffentlichen Finanzierung gehört zu den wichtigsten Aspekten der deutschen Theaterlandschaft. Mäzenatentum und Sponsoring beziehen sich vor allem auf Events: Musik- und Theaterfestivals, wie die Bayreuther Festspiele oder das Rheingau-Musik-Festival. Sie sind auf ganzjährig arbeitende kulturelle Einrichtungen kaum zu übertragen.

Wenn wir die Entwicklung des Verhältnisses aus öffentlicher Finanzierung und eigenen Einnahmen über eine Zeitreihe mehrerer Jahre verfolgen und analysieren, stellen wir zwei Tendenzen fest: Die öffentlichen Zuwendungen für den Betrieb der deutschen Theater und Orchester wachsen zwar nominal von Jahr zu Jahr, die Theater können mit diesen Zuwendungen jedoch seit 1995 im Osten und seit 2008 zu Teilen auch im Westen nicht mehr die Preis- und Lohnsteigerungen kompensieren (Schmidt 2016: 40).

Dabei benötigen viele Theater eine deutlich höhere Steigerung, um auch die Kosten für technische und strukturelle Veränderungen kompensieren zu können. Dazu zählen zum einen neue Berufe, für die Planstellen geschaffen und finanziert werden müssen, wie zum Beispiel Produktionsleiter, Personalentwickler, Organisationsmanager, Video-, Sound- und Lichttechniker, deren Wissen und Expertise ständig wächst. Die Finanzierung hierfür fehlt, und so müssen Theater entweder intern umverteilen oder auf technische und künstlerisch-technische Veränderungen verzichten.

Die Theater müssen als öffentlich getragene Betriebe **Tarifsteigerungen** an ihre Mitarbeiter weitergeben. Diese jährlichen, tarifgebunden Steigerungen der Personalkosten betragen in der Regel zwischen 1,5 und 3 % p. a. je nach allgemeiner Preissteigerungsrate, an die sich die zwischen Gewerkschaften und Arbeitgebern ausgehandelten Tariferhöhungen anlehnen. Wenn die Zuwendungsgeber, also Stadt und Land, nicht einmal mehr willens oder in der Lage sind, diese Tarifsteigerungen durch Erhöhungen der Subventionen weiterzugeben, sind die Theater gezwungen, diese Mittel aus ihren knappen Etats selbst zu erwirtschaften. Da die Personalkosten aufgrund der hohen Personalintensität der Theater inzwischen auf durchschnittlich 70–80 % angewachsen sind, wird der Spielraum für künstlerische und Betriebskosten immer geringer (Schmidt 2012).

In den letzten zehn Jahren seit 1997 sind deshalb an über 30 Theatern (ca. 20 %) sogenannte Haustarifverträge geschlossen worden, um die Gewerkschaften zum Stillhalten einzulenken und den Mitarbeitern keine Tariferhöhungen mehr weiter zu geben – einige davon, wie zum Beispiel in Eisenach, Dessau, Gera/Altenburg, Greifswald, Stralsund, Neustrelitz im Zeitverlauf über zehn oder mehr Spielzeiten. Preissteigerungen bei den Theatertickets wiederum sind nur begrenzt möglich, wegen der hohen Elastizität der Nachfrage: Je höher der Preis der Karten angesetzt wird, desto geringer wird die Zahl der Besucher und damit schließlich die Gesamteinnahme.

Der **Betrieb in Sparten** ist ein Hindernis für eine interdisziplinäre Arbeit des Theaters und die Organisation der Abteilungen und Abläufe entlang des **Produktionszyklus,** der von Konzeption, Planung und Entwicklung zu Produktion und schließlich zu Postproduktion übergeht (Schmidt 2016). In mittleren und großen Mehrspartentheatern arbeiten die einzelnen künstlerischen Abteilungen mit ihren Dramaturgen, Hausregisseuren und Leitern – Schauspiel-, Opern- und Ballettdirektor – meist wie eigene kleine **Theater im Theater,** die nur noch auf die zentralen Dienstleistungen Verwaltung, Technik, Disposition zurückgreifen und ansonsten wenig Gemeinschaftsbezug mehr herstellen. Im Laufe der letzten Jahre hat sich die Zahl der echten Mehrspartentheater jedoch weiter reduziert.[1] Ein Grund hierfür sind die starken Kürzungen und der damit verbundene Abbau von Sparten.

Die Unterscheidung der deutschen öffentlichen Theater in **Staats-, Stadt- und Landestheater** erfolgt streng nach ihrem Wirkungskreis: die Staatstheater werden zumeist mehrheitlich vom jeweiligen Bundesland unterhalten, die Stadttheater durch die Kommunen; nur die Landestheater werden von Zweckverbänden der beteiligten Städte und Gemeinden betrieben. Über eine lange Zeitreihe (1980–2015) verzeichnen wir eine leichte Abnahme der Zahl der Landestheater (21), die für eine Grundversorgung der Regionen sorgen, die keinen unmittelbaren Zugang zu Theatern haben, während die prestigeträchtigen Staatstheater, immerhin 30, naturgemäß immer weiter gestärkt werden (s. Abb. 3.1).

[1]Die Zahl der echten Mehrspartentheater liegt inzwischen bei nur noch ca. 70 (DBV 2017).

Abb. 3.1 Die drei Ebenen des deutschen öffentlichen Theatersystems (Stand: 2017)

Die ca. 30 **Staatstheater** sind in der Regel in den Landeshauptstädten befindliche Mehrspartentheater, die sich durch eine mehrheitliche Trägerschaft und einen höheren Finanzierungs-Anteil des Landes auszeichnen. Eine große Ausnahme ist Berlin mit sieben Staatstheatern: drei Staatsschauspiele (Gorki, Deutsches Theater und Volksbühne), drei Staatsopern und dem Staatsballett. Zwei wichtige Schauspielhäuser – das Berliner Ensemble und die Schaubühne – werden als Privattheater betrieben. Sie erhalten zwar eine Förderung durch das Land Berlin, haben aber private Träger (alle Zahlen DBV 2017). Die zweite wichtige Gruppe sind die ca. **21 Landestheater,** die in zwölf Bundesländern (außer Berlin, Bremen, Hamburg, Saarland) aktiv sind, und die mehrere Städte bespielen. Sie sind die effizienten unter den Theatern, die mit der geringsten personellen und finanziellen Ausstattung zur Grundversorgung großflächiger Regionen mit Theater beitragen, die längst nicht mehr in der Reichweite der Stadttheater liegen. Sie sind ebenso wie die Stadttheater der unverzichtbare Bestandteil der deutschen Theaterlandschaft.

Im Hauptfeld der deutschen Theaterlandschaft und meiner Untersuchungen liegen die ca. **80 Stadttheater,** die sich in einem Prozess der *Transition* befinden, nicht nur, weil sie mit den weiter unten diskutierten Problemen und Krisen konfrontiert werden. Sondern auch weil sie ein großes Reformpotenzial besitzen und weil ihre Fortexistenz auch für die Qualität der Fortschreibung des deutschen Theatersystems von größter Bedeutung ist (Schmidt 2013a).

Rechtsformen der Theater
Heute sind 54 der ca. 130 öffentlichen Theater als GmbH, 30 als Regie- und 30 als Eigenbetrieb organisiert. Nur acht Theater sind Stiftungen und weitere acht Anstalten des öffentlichen Rechtes (AöR) (Föhl 2011; DBV 2017).

In den letzten fünfzehn Jahren – parallel zur Einführung neuer betriebswirtschaftlicher Instrumente – hat sich deshalb ein starker **Wechsel** vom Regiebetrieb hin zur Gesellschaft mit beschränkter Haftung (GmbH) und in weniger großem Umfang zum Eigenbetrieb vollzogen, was den Wunsch der Theaterleiter nach mehr Emanzipation und Autonomie, und der Gesellschafter nach einer stärkeren wirtschaftlichen Verantwortlichkeit veranschaulicht.

Die Unterscheidung der Theater nach ihrer **Rechtsform** wird möglicherweise überbewertet. In der Phase der *Ökonomisierung* der deutschen Theater in den späten 90ern und den ersten Jahren des neuen Jahrtausends war mit der Umwandlung der Rechtsform die Sehnsucht der Politiker (und einiger Verwaltungsdirektoren) verbunden, die knappen Ressourcen optimaler als bisher einzusetzen, die Kontrolle der Mittelverwendung zu verbessern, neue Finanzquellen über Sponsoring und Spenden zu generieren, und schließlich über zunehmend private Rechtsformen auch privatwirtschaftliche Instrumentarien einzuführen. Die Gründung von GmbH, die in diesem Zeitraum in der Politik höchste Priorität erfuhr, hat allerdings kaum eines dieser Versprechen eingelöst, sie ist vielmehr mit einer zunehmend formalistischen Belastung der Theaterleitungen und ihrer Aufsichtsräte und einer mitschwingenden Bedrohung der Betriebe durch mögliche Insolvenzen verbunden, während die einzige wirkliche Alternative, die Stiftung, nicht wirklich Fuß fassen konnte, weil die Politik als Zuwendungsgeber die damit verbundene Verstetigung und Nachhaltigkeit scheut.

3.2 Rahmenbedingungen

Rahmen- oder Umweltbedingungen eines Theaters sind jene Umweltfaktoren, die sich unmittelbar auf den Betrieb wie auch auf Nachfrage und Angebot auswirken, also all jene institutionellen, rechtlichen, demografischen, kulturpolitischen und wirtschaftlichen Bedingungen die bestimmen, wie und in welchem Umfang eingekauft, produziert, verteilt und konsumiert wird (siehe Abb. 3.2).

Jeder **Theaterstandort** hat einen anderen Charakter, eine andere Historie, eine andere Kultur, eine andere wirtschaftliche Kraft und eine andere soziale Struktur. Auf jeden dieser Teilfaktoren kann und sollte ein Theater in seiner Arbeit eingehen. Ignoriert es diese wesentlichen Parameter, kann es passieren, dass es ein Programm macht, das am Ort, an der Region, an der Bevölkerung völlig vorbei geht. Deshalb ist es auch kein belastbarer und erfolgreicher Weg, ein in einer anderen

Rahmenbedingungen	Potentiale und Auswirkungen auf das Theater
Standort	Platzierung des Theaters, Anbindung an die Stadt, Region, Ausrichtung des Programmes, Knüpfung wichtiger Kontakte und Netzwerke mit der regionalen Industrie und anderen Kulturträgern, Kindergärten, Schulen, Hochschulen, Sportvereine
Demografie	Zukunftspotentiale der Region, altersmäßige und ethnische Zusammensetzung, Migrationsbewegungen, Bildungsstand, transkulturelle Potentiale, Frage nach der zukünftigen Struktur der Region, ihrer gesellschaftlichen Struktur, insbesondere der Familien
Politik/Kulturpolitik	Rolle der Kulturpolitik im Zusammenspiel der Gesamtpolitik der Kommune oder des Bundeslandes, finanzielle Stärke Kommunen/Länder, politisches Bekenntnis zum Theater und dessen Langfristigkeit
Besucher	Zusammensetzung der Besucher, Sehgewohnheiten, programmatische Ansprüche, Nichtbesucher als zukünftige Zuschauer, Freundeskreise
Wirtschaftliche Effekte **Standortfaktor** **Umwegrentabilität**	Wirtschaftlicher Nutzen des Theaters für die Region durch Arbeitsplätze sowie Aufträge an lokale Firmen und Tourismus, Nutzung dieser Effekte in der eigenen Argumentation
Markt	Andere oder ähnliche Angebote von Nachbartheatern oder Festivals, Freie Theater, Möglichkeiten der Zusammenarbeit, Alternative Freizeitangebote, wie Fernsehen, Internet

Abb. 3.2 Rahmenbedingungen für die Theaterarbeit. (Quelle: T. Schmidt)

Stadt erfolgreiches Modell an einen neuen Ort zu verpflanzen – wie dies leider sehr häufig im Rahmen von Intendantenwechseln passiert. Hier können wir das Phänomen verfolgen, dass ein Intendant in einer Stadt erfolgreich und publikumswirksam arbeitet, an das nächste, meist größere Theater berufen wird („Intendantenkarussell"), und dort in der Umsetzung des alten Erfolgsmodelles scheitert.

Grundvoraussetzung des Erfolges ist immer die Analyse der Standortbedingungen (Schmidt 2016: 59 f.). Dies betrifft die **finanzielle Solvenz** des Landes und der Kommunen, ihre Wirtschaftskraft und vor allem den **politischen Willen,** Theater und Orchester auch zukünftig ausreichend zu unterstützen. Eines ohne das andere funktioniert nicht. Selbst eine vergleichsweise ärmere Region kann bei einer entsprechenden politischen Willensbildung eine ausgewogene Theater- und Orchesterstruktur unterhalten, die Kosten hierfür halten sich mit etwa einem Prozent der Gesamtausgaben eines Bundeslandes/des Bundes in einem überschaubaren Rahmen. Hier muss eine gezielte **Lobbyarbeit** ansetzen, den Status von Kultur, kulturellen Aufgaben und Kulturinstitutionen aus der „Freiwilligkeit" zu lösen und ihr einen festen Platz in den Pflichtaufgaben jedes Landes und jeder Kommune zu geben.

Der **Auftrag des Theaters,** wie er noch in Gesellschaftsverträgen der Theater formuliert wird, Schauspiel, Oper, Ballett/Tanz und Konzert (je nach Vorhandensein der jeweiligen Sparten) anzubieten, bildet heute nicht mehr die Komplexität des gewachsenen Aufgabenfeldes ab. Zudem entspricht die hier formulierte Priorität des Betriebes nicht zwingend dem **Wunsch des Zuschauers,** dessen Neigungen und Interessen sich das Theater beizuordnen hat.

Wenn der Auftrag der deutschen Theater die Erreichung einer hohen Zahl an **Zuschauern** ist, zusammen mit den Aufgaben, künstlerisch qualitätsvolle Inszenierungen zu zeigen, das Theater als Institution, wie auch das Ensemble zu erhalten und zu entwickeln, muss sich jede Theaterleitung auch an den Zuschauerzahlen messen lassen. Zugleich müssen sich die Theater darum bemühen, Modelle für die Darstellung und Messung von *Künstlerischer Qualität, wie auch Künstlerischer und Struktureller Entwicklung* zu entwickeln und einzusetzen.

Tatsächlich liegen Zuschauererfolg und Künstlerischer Erfolg nicht zwingend eng beieinander. Auch darüber was ein *Künstlerischer Erfolg* oder *Künstlerische Qualität* ist, wird sich seit langem gestritten (Schmidt 2017b). Eine Einladung zum Berliner Theatertreffen der besten zehn Inszenierungen eines Jahres ist eine solche Auszeichnung.

Allerdings stammen die meisten eingeladenen Inszenierungen aus großen Häusern in großen Städten. Kaum eine Arbeit kommt aus einem kleinen Haus, und kaum ein Kleines oder Mittleres Stadttheater hat die Chance hier ausgewählt zu werden. Zumeist werden 80 % aller Theater von vornherein auf der Landkarte ausgeblendet, ohne dass die Ensembles aus diesen Teilen des Landes die Chance einer überregionalen Würdigung erfahren.

Damit wird deutlich: die Theater müssen mit den eingesetzten Mitteln so viele Zuschauer wie möglich erreichen, um damit einen Rückhalt bei Zuschauern, Bevölkerung und vor allem bei der Politik auszubauen, und gleichzeitig finanzielle Einnahmen und Liquidität zu generieren. Nur mit einem solchen Rückhalt und einer verbesserten finanziellen Ausstattung lassen sich die dringend notwendigen Reformen konzipieren und umsetzen. Wie fragil die Situation wirklich ist, wird am Beispiel der Theater deutlich, die in den vergangenen Jahren mit finanziellen Kürzungen, dem Abbau von Sparten oder einer Zwangsfusion in Berührung gekommen sind (Eisenach, Erfurt, Gera/Altenburg, Nordhausen, Zwickau/Plauen, Neustrelitz, Greifswald/Stralsund, Rostock, u.v.a.m.).

Entwickelt worden ist in den letzten Jahren vor allem der **Bildungsauftrag,** der sich nicht ausschließlich auf junge Menschen, sondern auf alle Alters-Gruppen ausweitetet, für die Angebote und Zugangsmöglichkeiten geschaffen werden *(Education).* Unsere Kenntnisse über unsere **Besucher** sind trotz aller Bemühungen noch recht eingeschränkt. Zwar erheben wir ihr Verhalten und ihre Wünsche wie auch ihre Kritiken und Anmerkungen regelmäßig, analysieren diese und ziehen daraus unsere Schlüsse. Aber die Untersuchungen bleiben oft an der Oberfläche haften. Es fehlt an den richtigen Analyseinstrumenten und an Personal, Besucher und vor allem Nichtbesucher zu befragen. Auch die Kenntnis der sozialen und kulturellen Schichtungen und Fragmentierungen ist oftmals nicht ausreichend, erst aus diesen Kenntnissen lassen sich spezifische Angebote und Begleitprogramme entwickeln. Beobachtungen, Publikumsgespräche, Auswertungen von Zuschauerbriefen und Besucherbüchern, wie auch Spontanbefragungen sind für eine schnelle Informationsgewinnung geeigneter als komplexe Fragebögen, die in der Regel eine viel zu geringe Rücklaufquote haben, um als repräsentativ zu gelten (Mandel 2008, 2016). Aber programmatisch geht es inzwischen noch weiter: Reckwitz analysiert und beschreibt, dass wir uns immer mehr in eine Gesellschaft der Singularitäten wandeln, auf die sich auch die Theater einstellen müssen (Reckwitz 2017). Unser Publikum wird zugleich diverser, Terkessidis spricht hier von einer wachsenden Interkultur als Potential unserer Gesellschaft, und Schneider fordert multiethnische dramatische Künste (Terkessidis 2010; Schneider 2011). Man darf das zusammenführen: wir brauchen ein *Theater der Diversitäten,* von dem sich deutlich mehr Menschen angesprochen fühlen als heute.

In der Argumentation pro Theater gewinnen positive **wirtschaftliche Übertragungseffekte** einen wachsenden Stellenwert; vom Standortfaktor ist die Rede und von der *Umwegrentabilität.* Oftmals sind Theater große und wichtige Arbeitgeber der Region – auch wenn dies von außen nicht in dem Maße wahrgenommen wird. Aber die Metapher des Eisberges, von dem man nur ein Sechstel über der Meeresoberfläche sieht und wahrnimmt, kann auch sehr gut auf das Theater angewandt werden. Die meisten der für die Produktionen arbeitenden Handwerker, Techniker, Assistenten, Planer und Organisatoren sind an den Abenden, an denen die Schauspieler oder Sänger auf der Bühne stehen unsichtbar oder haben ihr Tagwerk bereits verrichtet, um am nächsten Morgen die ersten zu sein, die nächste Produktion vorzubereiten. Noch wichtiger sind die hohe kulturelle Integrität und der *Kulturelle Übertragungseffekt,* der die kulturelle Standortaufwertung durch Theater, den verstärkten Zuzug von Firmen und jungen Familien, die erhöhte Freizeit-Attraktivität, Bildungs- und Unterhaltungs-Möglichkeiten für Kinder und Jugendliche, verstärkte Kulturelle Netzwerk-Aktivitäten mit Kindergärten, Schulen, Hochschulen und Universitäten, mit Verlagen und Bibliotheken, mit Stiftungen und Instituten erfasst und definiert. *Kulturelle Übertragung* wird damit zu einem wesentlichen Zukunftsfaktor für Städte und Regionen, die qualifizierte Zukunftspotentiale ansiedeln wollen in einer sich immer stärker verändernden Welt.

Lange Zeit wurden auch die Themen **Markt und Konkurrenz** ausgeblendet: Das Theater arbeitet in einem Markt und in Konkurrenz zu anderen Marktteilnehmern (Theater, Sommerprogramme, Festivals, aber auch alternative Freizeitangebote). Unter den beliebtesten Freizeitangeboten der Deutschen liegt es inzwischen allerdings nicht auf den vorderen Plätzen: Soziale Medien, Serien und Sport dominieren zunehmend das Freizeitverhalten nicht nur junger Menschen.

4 Die Wirtschaftliche Struktur und Wirksamkeit der öffentlichen Theater

Von ca. 130 öffentlichen Theatern in Deutschland werden ein Viertel aller Theater (ca. 30) in den kommenden 30–40 Jahren durch Schließungen von Sparten, Fusionen oder drastische Kürzungen bedroht sein (Schmidt 2016). Hinzu kommen **prekäre Arbeitsverhältnisse** von künstlerischen Mitarbeitern und Ensemblemitgliedern, die die Arbeit vor allem der mittleren und kleinen Stadttheater, insbesondere im Osten Deutschlands noch schwerer machen. Auch hier wird wieder die These einer geteilten Theaterlandschaft bestätigt, deren Differenzierung in **Reich und Arm** tiefer geht, als zu erwarten war.

4.1 Die wirtschaftliche Struktur der öffentlichen deutschen Theater

Das Budget eines mittleren Theaters in Deutschland lag in der Spielzeit 2015/2016 bei 23,4 Mio. € – auf den ersten Blick eine deutliche Steigerung, wenn man den durchschnittlichen Haushalt von 17,2 Mio. € aus der Spielzeit 1999/2000 zum Vergleich heranzieht. Legt man ab dem Basisjahr 1999 jedoch eine durchschnittliche Inflation von 2,5 % zugrunde – die die realen Bedingungen reflektiert – hätte das Budget bei ca. 24,6 Mio. € liegen müssen, das sind etwa 1,2 Mio. € die jedem Theater heute strukturell fehlen. Die Differenz entsteht vor allem deshalb, weil jene Gesellschafter die ihre Zuwendungen jährlich erhöhen, hier die Tariferhöhungen für die Personalkosten kalkulieren, und die anderen Positionen (Inszenierungs- und Betriebskosten) lediglich überrollen, wodurch den Häusern im Schnitt ca. 28 % Inflationsausgleich für die anderen Kostenbereiche entgangen sind. Die Theater mit Haustarifvertrag sind hiervor ohnehin ausgeschlossen, ihre Budgets sind seit langem „eingefroren“ (DBV 2001, 2017).

T. Schmidt, *Elemente des deutschen Theatersystems*, essentials,
https://doi.org/10.1007/978-3-658-21002-1_4

Durchschnittswerte	1999/2000	2015/2016	Delta
Anzahl Theater	153	128	- 25
Zuschauer gesamt	19,3 Mio.	18,8 Mio.	- 0,5 Mio.
Vorstellungen/ Theater	61.879 (404)	63.872 (499)	+ 2 Mio
Zuschauer je Theater	144.793	146.875	+ 2.082
Ø Umsatz	17,2 Mio. €	23,4 Mio.€	+ 6,2 Mio.
Inflation (ø2,5% p.a.)	17,2 Mio.€	24,0 Mio.€	+ 6,8 Mio.
Ø Mitarbeiter	295	308	+ 13
Davon: Künstlerische	135	142	+ 7
Freie	k. A.	24	
Ø Personalkosten	13,4 Mio.€	17,5 Mio.€	+ 4,1 Mio.€
Anteil Personal- an Gesamtkosten	75,6%	73%	- 3,5%
Ø Zuschauer je Mitarbeiter	490	477	- 13
Ø Kosten/Karte	119 €	159 €	**+ 40**
Eigene Einnahmen	2,46 Mio.€	3,9 Mio.€	+ 1,44 Mio.€
Einspielquote	14%	17%	+ 3%
Kosten/ Vorstellung	42.500 €	46.900 €	**+ 4.400€**
Einnahme je Vorstellung	6.104 €	7.815 €	+ 1.711€
Delta/Vorstellung	36.396 €	39.085 €	**- 2.689**
Reichweite	8.418	6.276	**- 2.142**

Abb. 4.1 Grunddaten im Vergleich. (Quelle: Schmidt 2016)

In der Abb. 4.1 habe ich die Grunddaten der deutschen öffentlichen Theater für die Spielzeit 1999/2000 denen von 2015/2016 gegenübergestellt (DBV 2001, 2017). In diesem Zeitraum sind 25 Theater geschlossen oder fusioniert worden, das sind über 15 % Prozent aller öffentlichen Bühnen in Deutschland. Wenn dieses Ausbluten so weiter geht, wird es in 40 Jahren weniger als 100 Theater geben, im Vergleich zu den ursprünglich ca. 180 im Jahr 1990, von denen viele im Osten geschlossen oder fusioniert worden sind. Während die Zuschauerzahlen seit Jahren insgesamt um 19 Mio. schwanken bzw. in der Tendenz leicht sinken, ist die Zahl aller Vorstellungen von ca. 62 auf 64 Tausend angestiegen. Gestiegen sind auch die Kosten für eine Vorstellung, also einen Abend, an dem sich die Pforten des Theaters öffnen. Eine Vorstellung kostet heute im Schnitt 47 T €, ein Wachstum um über 4 T €, was uns dazu führt, dass jeder eingenommene Cent mehr nur über den gestiegenen Preis, nicht über zusätzliche Zuschauer erreicht worden ist.

Die großen deutschen Theater

Die größten öffentlichen Theater nach ihrem Gesamtumsatz sind: die Opernstiftung Berlin mit 122 Mio. € und das Theater Dresden mit 110 Mio. € p. a., das nach der wirtschaftlichen Fusion von Semperoper mit dem Staatsschauspiel im Jahre 2013 zum zweitgrößten Theaterapparat in Deutschland geworden ist, gefolgt vom Theater Stuttgart (105), der Staatsoper München (99), den Bühnen Frankfurt (89), der Hamburger Staatsoper (69), dem Staatstheater Hannover (64) und den Bühnen Köln (62).[1] Das Gesamtbudget der zehn größten Theater beträgt inzwischen 772 Mio. €, das sind 27 % des Gesamtumsatzes aller deutschen Theater (2,8 Mrd. €), während das Gesamtbudget der kleinsten zehn Theater mit insgesamt 24,9 Mio. € nicht einmal 1 % ausmacht: ein ungesunder **Konzentrationsprozess,** der sich in den nächsten Jahren fortsetzen wird.

Zur ersten Gruppe zählen die zehn großen Mehrspartentheater (Stuttgart, Dresden, Frankfurt, Hannover, Mannheim, Köln, Karlsruhe, Essen, Nürnberg und Wiesbaden) in einem *Range* zwischen 550 und 1200 Mitarbeitern, ebenso wie die sechs großen Opern (München, Hamburg, Berlin Staatsoper, Deutsche Oper, Düsseldorf, Leipzig) und zehn großen Schauspielhäuser (Berlin 4, München 3, Hamburg 2, Leipzig). Sie liegen in Metropolen mit durchschnittlich 0,5 (Leipzig) bis 4 Mio. Einwohnern (Berlin), die zugleich Ballungsgebiete und Großräume in einer Größenordnung von mehr als 20 Mio. Einwohnern abdecken, etwa einem Viertel der Gesamteinwohnerzahl Deutschlands. Zusammen erreichen sie 8,72 Mio. Zuschauer – 44 % der Gesamtzuschauer aller deutschen Theater.

Die **Mehrspartenhäuser** halten ein teures, aufwendig produziertes Repertoire in drei bis vier Sparten für die Menschen der Ballungszentren vor, das auch künstlerisch mit den spezialisierten Ein-Spartenhäusern konkurrieren kann. Künstlerisch werden die Sparten selbstständig geführt und ihre Leiter nennen sich

[1]Die drei Berliner Staatsopern werden statistisch meist separat ausgewiesen, mit einem Gesamtbudget von 121,8 Mio. € ist die Opernstiftung Berlin de facto der größte Theaterbetrieb Deutschlands (DBV 2017).

oftmals selbst Intendanten (Stuttgart, Dresden, Frankfurt, Mannheim, Hannover, Köln). Nur vier dieser Theater (Karlsruhe, Mannheim, Nürnberg und Wiesbaden) halten ein aktives Kinder- und Jugendtheaterangebot vor, nur eines von ihnen ein Angebot für Migranten, und keines deckt Fragen der Diversität oder der Inklusion ab. Nur eines dieser Theater hat ein neues Leitungsmodell entwickelt – Mannheim mit einem **Direktorium** gleichberechtigter Spartenchefs. Frankfurt ist in dieser Gruppe das Theater mit den häufigsten Leitungs-Systemwechseln, das in den letzten 70 Jahren immer wieder zwischen Generalintendanz und Einzelintendanzen hin- und herwechselt, ohne richtig zum Frieden zu kommen (Rühle 2014).

Die Gruppe der mittleren Stadttheater

Die Gruppe der zwölf **Mittelgroßen Mehrspartentheater** zwischen **400 und 550** Mitarbeitern[2], wie Dortmund, Bremen, Kassel, Kiel, Magdeburg oder Weimar, sind mit vergleichsweise großen Ensembles und Etats über dem Bundesdurchschnitt ausgestattet. Nur drei der Häuser liegen im Osten Deutschlands, wobei zwei von ihnen bereits fusioniert sind (Halle, Magdeburg), und Weimar dauerhaft durch eine Fusion mit der Oper Erfurt bedroht ist. Insbesondere die Fusion in Halle ist ein schlechtes Beispiel dafür, wie ein Zusammenschluss der drei städtischen Theater und zwei Orchester in einer GmbH genutzt wird, um systematisch Stellen zu kürzen, Gelder einzusparen und Kunst zu zerstören.

Die Gruppe der **Mittleren Stadttheater** hingegen – einer der Kerne der deutschen Stadttheaterlandschaft – umfasst 48 Theater **mit 200 bis 400 Mitarbeitern.** Von diesen sind zwölf sogenannte Ein-Spartenhäuser, wie die Oper in Erfurt, und 36 kleine Mehrspartenhäuser. Zu ihnen zählen die existenziell bedrohten Theater in Mecklenburg-Vorpommern: Rostock, Schwerin und Greifswald/Stralsund.

Beide Gruppen sind durch unflexible Produktionsbedingungen und substanzielle Einschnitte gekennzeichnet. Nach wochenlangem Tauziehen, auch um die Zukunft des Theaters Rostock, wurde im Frühjahr 2016 per Dekret die Fusion der Theater Greifswald/Stralsund mit Neubrandenburg und dem Orchester Neustrelitz zum *Staatstheater Nordost* mit Wirkung vom 1. Januar 2018 verfügt, während das Volkstheater Rostock aufgrund unfähigen Managements und Taktierens der ehemaligen Intendanz und Geschäftsführung (Latchinian/Rosinski) nun Schauspiel und Tanz verliert (nachtkritik 2016b). Dabei gehen die politisch Verantwortlichen davon aus, dass nach diesen Fusionen Spareffekte erzielt werden, ohne zu bedenken, dass der

[2]Ich habe hier den aus meiner Sicht signifikantesten Indikator, die Zahl der Mitarbeiter zugrunde gelegt.

Aufwand die geringe Fusionsmarge schnell verzehrt, und der Kampf um die Finanzierung der ab 2019 auflaufenden Tariferhöhungen eines so großen Theaterkomplexes mit wenig Erfolgschancen verbunden sein wird, wenn nur mit einer Sparte am Standort gearbeitet wird – zumal 2019 der Solidarpakt ausläuft, was die finanziellen Spielräume der Kommunen weiter einengt. Ein Beispiel dafür, wie kurzfristige Sicht nachhaltige Lösungen verstellt.

Die Kleinen Stadt- und Landestheater[3]

Die andere große, für die Zukunft der deutschen Theaterlandschaft wichtige Gruppe sind die derzeit ca. 52 **Kleinen Stadt- und Landestheater.** Die schnell, günstig und flexibel produzierenden Landestheater, besitzen oft eine größere Zukunftsfähigkeit, als die zuvor erwähnten, Kleinen und Mittleren Stadttheater – zumeist, allerdings, auf Kosten der viel zu niedrig bezahlten Darsteller und Mitarbeiter. Bei den Landestheatern haben sich meist aus finanzieller Not und mit entsprechendem Einfallsreichtum Produktionsformen entwickelt, die denen der freien Szene nicht unähnlich sind: Es wird in einem geschützten Rahmen entwickelt (konzipiert, geplant und produziert) und in einem geöffneten Rahmen präsentiert, und zwar im Zuge von Gastspielen und Koproduktionen. Die verschiedenen Koproduktions- und Kooperationsstandorte, werden bei den Landestheatern durch die verschiedenen Bespielorte ersetzt, die ihren Koproduktionsanteil in Form einer eingerichteten Spielstätte und einer anteiligen Zuwendung einbringen. Die Unterschiede bestehen darin, dass das Landestheater als Institution Produzent ist, während diese Funktion in der Freien Szene auf den Schultern der freien Künstler oder der Produktionshäuser liegt. Das Landestheater bezieht zudem eine institutionelle Förderung, während die Gruppen der Freien Szene oft nur kurzfristige, projektbezogene Förderung erhalten.

4.2 Leistungsfähigkeit und Wirksamkeit

Es gibt viele verschiedene Möglichkeiten, die Wirksamkeit von Theater(n) zu messen. Der Deutsche Bühnenverein verwendet als Standards Auslastung und Einspielquote.

[3]Nicht mit aufgenommen wurden Theater mit nur saisonaler Bespielung, reine Bespielhäuser, Häuser ohne festes Ensemble, private und Mini-Theater – wodurch es zu einer Differenz zwischen den 140, durch den Bühnenverein ausgewiesenen und den 128 berücksichtigten Theatern kommt.

Die Auslastung setzt die verkauften Karten mit den angebotenen Plätzen ins Verhältnis. Als Indikator taugt sie allerdings nur bedingt, da man Äpfel – hier ein kleiner Saal mit 400 Plätzen, mit Birnen – dort ein großer Saal mit 1000 Plätzen, nicht miteinander vergleichen sollte. Die hier gewonnenen Zahlen sind nur dann aussagekräftig, wenn man Zeitreihen vergleicht, saisonale Schwankungen wie auch langfristige Tendenzen erfasst. Der andere Indikator ist die Einspielquote, als Anteil des Eigen-Ertrags am Gesamtumsatz eines Theaters, der durch Karteneinnahmen oder sonstige Tätigkeiten erwirtschaftet wird (DBV 2010–2017).

Es steht außer Zweifel, dass der künstlerische Erfolg und die Erreichung der Zuschauer die beiden wichtigsten Ziele eines Theaters sind. Um diese zu erreichen, muss ein Theater so funktionieren, dass der Weg von der Idee zur Inszenierung künstlerisch so produktiv und zugleich wirtschaftlich wie möglich verläuft. Zur besseren Einordnung der aktuellen Leistungsfähigkeit der Theater können folgende vier **Indikatoren** herangezogen werden:

- **Reichweite** und **Wirksamkeit** der eingesetzten Mittel (Effektivität);
- **Effizienz;**
- **Ressourcenaufwand;**
- Einspielquote, als Indikator der **Wirtschaftlichkeit.**

Hinzu kommen die strukturelle und künstlerische Qualität, die separat erfasst werden müssen, um eine Gesamt-Wirkung *(Qualitative Performance)* zu ermitteln (Schmidt 2017b).

Reichweite und Wirksamkeit

Die Reichweite bemisst die Zahl der mit jeder Million Steuermittel erreichten Besucher. Hier habe ich die Unterteilung in die drei Gruppen der Theater vorgenommen und ihre Mittelwerte einzeln ausgewiesen, die sich auch in der Abb. 4.2 gut ablesen lassen, wo sich ein breiter Streifen Stadttheater (rot) zwischen 5000 und 15.000 Besuchern entlangzieht. Der Mittelwert liegt hier bei 10.400 Besuchern; bei den Leuchtturmtheatern (grün) ist er niedriger und liegt bei 6300 Besuchern, während er bei den Landestheatern (blau) bei 14.400 Besuchern liegt. Hier befinden sich 10 Landestheater unter den 15 effektivsten Theatern, während die Oper in Leipzig (4800), die Theater in Bonn (5900), Frankfurt (5900) und Stuttgart (5800), die Staatsoper Berlin (4800), die Bühnen Köln (4500), das Schauspiel Hamburg (2500) und das Staatstheater am Gärtnerplatz in München (2200) die geringste anteilige Reichweite haben, also diesbezüglich zu den am wenigsten effektiven Theater in Deutschland zählen, wobei das Theater am Gärtnerplatz München so weit abgeschlagen vom Feld ist, dass über die Strukturen

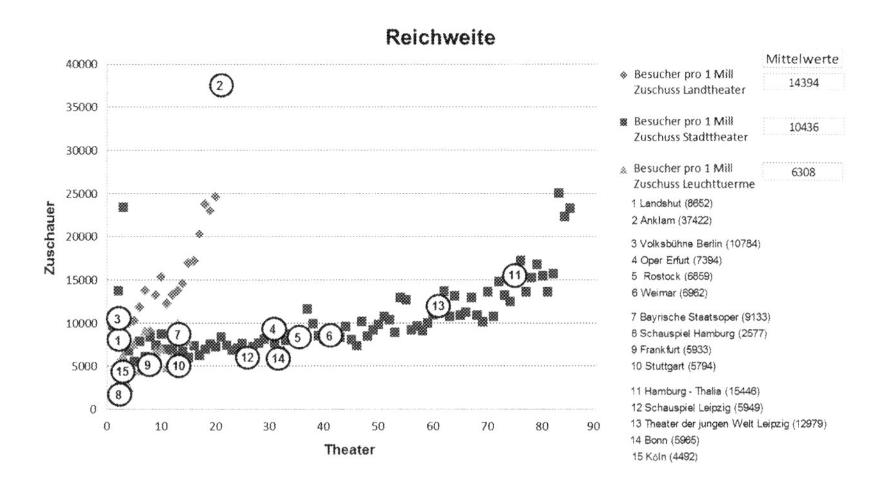

Abb. 4.2 Reichweite – Besucher je Mio. € eingesetzter Mittel. (Schmidt 2016)

und Prozesse dringend nachgedacht werden muss. Es spricht nichts gegen aufwendige Opernabende, wenn diejenigen, die sich den Besuch leisten können, deutlich höhere Anteile am tatsächlichen Preis der Karten zahlen, um Theater, Kommune, und Niedrigverdiener zu entlasten, die weiterhin zu subventionierten Preisen ins Theater gehen sollen.

Der **Durchschnittswert** liegt bei **11.400 Zuschauern je Million €.** Es wäre empfehlenswert, Theater mit einer Reichweite von weniger als 5000–6000 Zuschauern je Steuermillion einer genaueren, vor allem inhaltlich-strukturellen Analyse zu unterziehen, um feststellen zu können, welche Faktoren zu einer so unverhältnismäßigen Kostenentwicklung und strukturellen Behäbigkeit geführt haben. Es ist auch eine Frage der Gerechtigkeit gegenüber Theatern, die mit einem Zwanzigstel an Mitteln einen Zwanzigfach besseren Wert erzielen.

Mitarbeitereffizienz

Wenn wir die Theater mit der **geringsten Mitarbeitereffizienz** (240–400) – gemessen an Zuschauern je Mitarbeiter – näher betrachten (s. Abb. 4.3), wird deutlich, dass einige der mittelgroßen Stadttheater in Bezug auf die erreichten und potenziell zu erreichenden Zuschauer deutlich zu groß sind. In diesen Theatern ist der Einsatz der Ressourcen im aktuellen Umfang nicht gerechtfertigt. Während Frankfurt, Stuttgart, Hamburg und Köln als wichtige, große Theater trotz hoher Produktionskosten und geringer Effizienz eine relativ hohe

Theater	Besucher/Mitarbeiter Ratio (2015)
Schwedt – Landestheater	1210
Bautzen Volkstheater	1100
Wilhelmshaven – LT Niedersachsen	1075
München – Münchner Volkstheater	1062
Leipzig – Theater der Jungen Welt	1047
Bruchsal – Badische Landesbühne	1005
Berlin – Theater an der Parkaue	932
Castrop -Rauxel – Westfäl. Landestheater	926
Hamburg – Thalia Theater	926
Heilbronn – Theater Heilbronn	926
……..	
Bühnen Frankfurt Main	406
Staatstheater Cottbus	406
Nationaltheater Weimar	397
Staatsoper Berlin	384
Bremerhaven	384
Bühnen Köln	369
Oper Leipzig	365
Staatstheater Stuttgart	362
Schauspiel Hamburg	330
Lübeck	241

Abb. 4.3 Theater mit den meisten und wenigsten Zuschauern je Mitarbeiter. (Schmidt 2016)

Beständigkeit haben werden, sind vor allem die Theater in strukturschwachen Lagen bedroht.

Beispielhaft hingegen sind die **Landestheater** mit der höchsten Mitarbeitereffizienz: zwischen Tübingen mit 816 und Schwedt mit 1210 Zuschauern je Mitarbeiter, die an der Spitze aller deutschen öffentlichen Theater liegen. Die Landestheater sind auch die Theater, die am effizientesten produzieren hinsichtlich der eingesetzten finanziellen Mittel je gezeigter Vorstellung. Dies ist ein

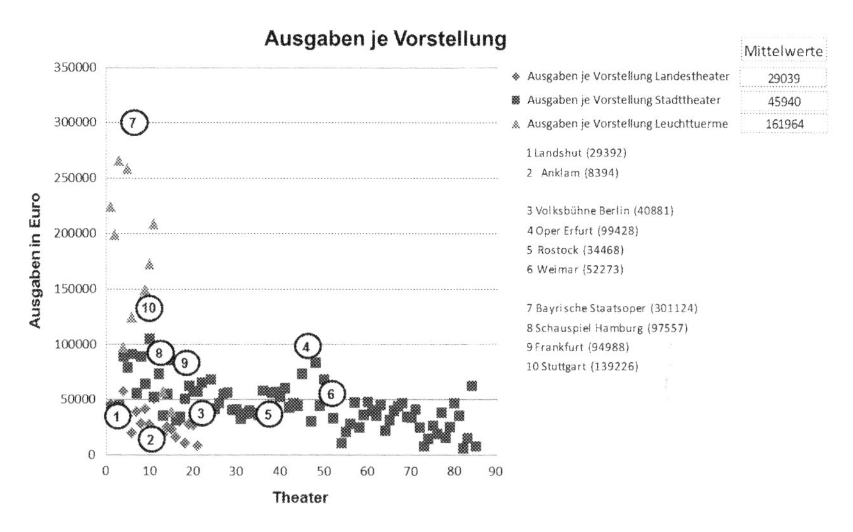

Abb. 4.4 Ausgaben je Vorstellung. (Schmidt 2016)

wertvoller Indikator um zu messen, wie hoch der tatsächliche Aufwand je Vorstellung ist. Auch hier gilt, was für das gesamte Theater gilt, der Aufwand und die Kosten entstehen auch im nicht sichtbaren Bereich des Theaters.

Ressourcenaufwand

Der dritte Indikator bemisst den **Ressourcenaufwand** – die Ausgaben für jede Vorstellung, die am Abend gespielt wird (Abb. 4.4). Hier habe ich die einzelnen Theater gemäß ihrer durchschnittlichen Vorstellungsausgaben in der Grafik abgetragen. Die Mittelwerte dieser drei Gruppen sprechen für sich: eine Vorstellung im Landestheater liegt im Mittel bei 29.000 €, im Stadttheater bei 46.000 € und beim Leuchtturmtheater bei 162.000 € – hier hat sich der Aufwand verachtfacht (DBV 2017).

Unter den 15 Theatern mit dem geringsten Ressourcenaufwand befinden sich wiederum acht Landestheater[4], während die großen Staatsopern zum Teil die zehn- bis 20fachen Vorstellungskosten haben: an der Spitze die Bayerische

[4]u. a. Anklam (8400 € je Vorstellung), Parchim (10.600), Marburg (15.300), Tübingen (16.000), Stendal (18.300) und Rudolstadt (19.600).

Staatsoper (300.000 €), die Deutsche Oper Berlin (266.000), die Hamburgische Staatsoper (258.000), das Staatstheater am Gärtnerplatz (224.000)[5] und die Staatsoper in Berlin (208.000), mit Kosten die angesichts der prekären Situation der kleineren und mittleren Theater nicht zu rechtfertigen sind. Auch zwei große, repräsentative Opern im strukturschwachen Osten des Landes, Leipzig (199.000) und Erfurt (99.500) befinden sich in dieser Gruppe und werfen Fragen auf, warum Kommunen so teure Produktionen finanzieren, während sie an anderer Stelle heftige Kürzungen (Schließung Schauspiel und Kinder-und Jugendsparte im Theater Erfurt 2003) veranlassen. Hier zeigt sich, mit welchen *double standards* eine Theaterlandschaft betrachtet wird: auf der einen, repräsentativen Seite Überförderung, auf der anderen Einsparungen, Abbau, Schließungen.

Ein Vorschlag könnte jedoch in die Richtung gehen, die Inszenierungskosten und die Kosten je Vorstellung bei allen Theatern mit Kosten über 50 T € je Vorstellung um mindestens 10 % zu senken, damit freie Mittel in die Theaterregion umverteilt werden können.

Im Segment der **kleinen Theater,** ist eine erfreuliche Leistungsfähigkeit zu verzeichnen, die ein hohes Zukunftspotenzial verspricht. Disparat ist die Situation der großen Theater, die erst dann, wenn sie Produktionskosten in vertretbarer Höhe nachweisen können, **Leuchtfunktionen** für die gesamte Theaterlandschaft haben, eine große Lobby und großen Zuspruch entwickeln, die auch auf die anderen Segmente der deutschen Theaterlandschaft abstrahlen.

Einspielquote

Die Einspielquote (s. Abb. 4.5) ist der vierte Indikator, er bemisst den Anteil der Eigeneinnahmen, vorrangig durch Kartenverkäufe, an den Gesamteinnahmen eines Jahres. Hier erzielen die Stadttheater mit einem Mittel von 20 % den höchsten Wert, während Landestheater (16 %) und Leuchtturmtheater (15 %) etwa gleichauf liegen.

Die Annahme, dass der Indikator vor allem den gewichtigeren Theatern in den Metropolen die Möglichkeit geben sollte, ihre Leistungsfähigkeit zu zeigen und ihre Performance auszugleichen, durch: hohe Zuschauer- und Auslastungszahlen, hohe Einnahmen und eine hohe Einspielquote, bestätigt sich nicht durchgängig.

[5]weitere: Oper Leipzig (199.000), Komische Oper Berlin (172.000), Oper Düsseldorf (140.000), Theater Stuttgart (139.000), Gelsenkirchen (105.000) und Oper Erfurt (100.000).

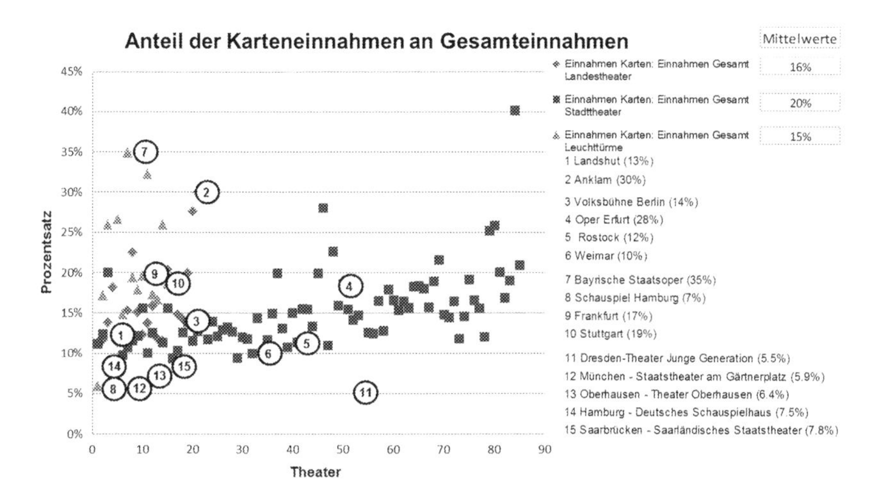

Abb. 4.5 Einspielquote. (Schmidt 2016)

Fasst man die Ergebnisse zusammen, kristallisieren sich vier Gruppen heraus:

- Eine Gruppe der *Best Performer* mit Werten **über 20 % Eigenanteil,** zu der ca. 20 Theater gehören, insbesondere einige Landes- und kleinere Stadttheater (Anklam, Fürth, u. a.).
- Weitere 40 Theater gehören zur einer Gruppe mit Werten **zwischen 15 % und 20 %,** zu ihnen zählen, u. a. Stuttgart (19,4 %), das Deutsche Theater in Berlin (18,6 %), die Bühnen Frankfurt (17,3 %).
- Einer dritten Gruppe von 38 Theater mit unterdurchschnittlichen Werten **zwischen 15 % und 12 %** gehören, u. a. Theater wie Halle (11,7 %), Rostock (11,8 %), Darmstadt (13,8 %) und die Volksbühne Berlin (14,5 %) an.
- Der Schluss-Gruppe gehören 24 Theater mit Werten zwischen 12 % und 6 % an.

Der kombinierte Performance-Index

Um die vorangegangenen Analysen und Auswertungen noch plastischer aufzuzeigen, habe ich die oben genannten Indikatoren in einem Index zusammengeführt und in der Abb. 4.6 dargestellt. Der Index bildet die Fähigkeit eines Theaters ab, seinen Aufgaben mit einer vorgegebenen Menge an finanziellen und personellen Ressourcen nachzukommen und dabei eine ausreichende Zahl an Zuschauern bei einem guten wirtschaftlichen Ergebnis zu erreichen.

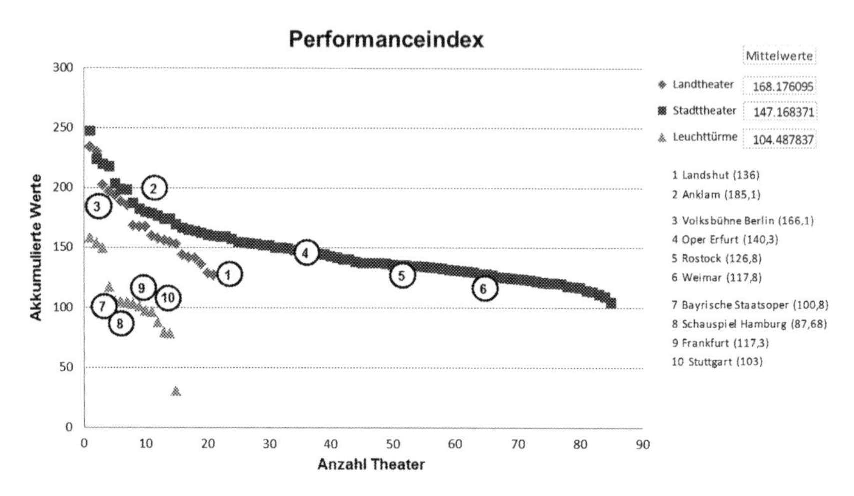

Abb. 4.6 Performance-Index. (2016 Schmidt)

Auswertung

- **Die kleinen, effizienten und meist einspartigen Theater** arbeiten mit hohem Einsatz bei geringstem Ressourcenverbrauch und erreichen überdurchschnittlich viele Zuschauer. Durch ihre flexibleren Produktionssysteme und ihre schlankere Organisation – gemessen am Gefälle der Hierarchie und der damit verknüpften, viel schnelleren Entscheidungskette – sind sie in der Lage mehrere Spielorte zu bespielen. **Nachteil:** Die Effizienz geht zulasten der künstlerisch Beschäftigten, deren Gagen an diesen Häusern kaum höher als die Mindestgage sind.
- **Die Gruppe der mittleren und großen Stadttheater:** Viele dieser Theater, vor allem im Osten Deutschlands sind Opfer erheblicher struktureller und finanzieller Einschnitte und werden auch in Zukunft weitere Einschnitte hinnehmen müssen, insofern sie nicht eine größere **Reformfantasie** entwickeln. Stattdessen haben viele von ihnen in den letzten Jahrzehnten eine regelrechte **Reformresistenz** gezeigt. Sie streben nach **künstlerischer Anerkennung,** insbesondere danach, künstlerisch wahrgenommen und mit finanziell besser ausgestatteten Theatern konkurrieren zu können. Da dies bei begrenzten Ressourcen nur eingeschränkt möglich ist, wird in den meisten Theatern dieser Gruppe mehr produziert als sinnvoll und notwendig ist, um über die Menge mehr **Sichtbarkeit** zu erreichen – mit oftmals über 25 Neuproduktionen pro Saison in einem mittleren Stadttheater.

- **Die Gruppe der sehr großen Staatstheater und Opern (Leuchtturmtheater):** Die sehr großen und gut ausgestatteten Opern und Staatstheater produzieren – im Vergleich zu den Kleinen – durchschnittlich mit einem Zehnfachen an zur Verfügung stehenden Mitteln und einem Mehrfachen an Personal, erreichen dabei nur ein Zehntel der Effizienz, ohne Korrektiv und in ihrer Arbeit infrage gestellt zu werden. Sie gehören noch zum unantastbaren Inventar der Landeshauptstädte. Aufgrund ihrer Größe greifen Reformen hier nur sehr schwer und sind womöglich erst dann durchsetzbar, wenn die kleinen und mittleren Theater bereits flächendeckend reformiert worden sind.

5 Die Krisen des öffentlichen Theaters

Die Krise des Theaters ist eine **strukturelle und kulturelle Krise,** sie hat verschiedene Gesichter und geht auf ungelöste Kernprobleme zurück: gravierende **Strukturprobleme,** wie die weit über die Kräfte und Fähigkeiten hinausgehende Einzelleitung und -vertretung des Theaters durch nur einen Intendanten, das nicht selten angespannte Verhältnis zwischen Theaterleitung und Gesellschaftern, wie auch die Überproduktion und die unzureichende Verknüpfung zwischen künstlerischen und managementorientierten Bereichen im Theater, die gelöst werden müssen. Hinzu kommt die schwerfällige Struktur der Mehrspartenhäuser, die getrennte Leitung und Arbeit der Sparten, was teuer und personalintensiv ist und dem Produktionsfluss der Häuser entgegensteht. Auch das ist ein Grund für eine abnehmende Legitimität der Theater, was wiederum zu sinkenden Zuwendungen, verringerten finanziellen Spielräumen und erodierenden Reformpotentialen führt. Erst wenn grundlegende Reformvorschläge auf den Weg gebracht werden, kann das Theater einen Entwicklungssprung machen und sich mit Zukunftsmodellen auseinandersetzen.

Aus analytischer Sicht ist eine Differenzierung notwendig, um die Aspekte voneinander abzutrennen, die zu Krisensituationen führen. Auf der anderen Seit darf in größeren Erklärungszusammenhängen die Krise des Theaters, wie dies immer häufiger geschieht, auf eine Krise zum Beispiel der Finanzen nicht reduziert werden, auch wenn die prekäre finanzielle Situation oftmals Krisen auslösend oder zumindest Krisen befördernd wirkt.

Die Krise des Theaters lässt sich in sechs Teilkomplexen darstellen – der Strukturkrise, der Überproduktionskrise, der Krise der Kulturpolitik, der Finanzkrise, der Legitimationskrise und der Krise der Unternehmenskultur (s. Abb. 5.1).

Die verschiedenen Krisen des deutschen Stadttheaters und einzelner Theatersysteme der Bundesländer haben zumeist einen **strukturellen Ursprung** und können nachhaltig nur mittels struktureller Reformen gelöst werden können.

T. Schmidt, *Elemente des deutschen Theatersystems,* essentials,
https://doi.org/10.1007/978-3-658-21002-1_5

Krise	Merkmale	Reformen
Strukturkrise	Intendantenmodell Leitungssysteme Trennung künstlerisches und Management-Denken Spartenorganisation	Matrixorganisation Team und Direktorien Mitbestimmungsmodelle Produktionsmanagement Aufhebung der Spartentrennung
Überproduktion	Zu hohe Zahl an Produktionen Übernutzung der Ressourcen Tendenziell sinkende Zuschauer-Zahlen und Einnahmen	Entschleunigung, geringere Produktionsdichte, Fürsorge für Personal, Produktionsmanagement Kreative Produzenten
Krise der Kulturpolitik	Geringer Stellenwert Sinkende Finanzierung	Neue kulturpolitische Konzepte, Lobbyarbeit, Positionierung
Finanzielle Krise	Verringerte finanzielle Spielräume, Kürzungen	Langfristige Finanzierungsverträge Neue Finanzierungsmodelle
Legitimationskrise	Bei Politik, Medien und Zuschauern	Verstärkte Kommunikation und Lobbyarbeit
Krise der Unternehmenskultur	Hierarchien Intendanz-System Zu geringe Beteiligung der Mitarbeiter Vertragsunsicherheit der Künstler Trennung des Denkens (s.o.)	Mitbestimmung Direktorien/ Teamorientierung Gerechtigkeit Diversität Interkultur Einheitstarifvertrag Veränderung Vertragsbedingungen Partizipation, Good Governance

Abb. 5.1 Krisen, Merkmale und Reformen. (Schmidt 2016)

Warum besteht diese strukturelle Stagnation? Weil die Intendanten nicht bereit sind, mehr von ihrer Macht und ihrer Verantwortung abzugeben, zum Beispiel an die Mitglieder eines gleichberechtigt arbeitenden Direktoriums – denn ein großer Macht- und Verantwortungsraum verspricht immer auch einen großen Raum zur Entfaltung der eigenen künstlerischen Ideen. Woraus wiederum der Wunsch vieler Regisseure und Theatermacher entsteht, nach vielen Jahren Frondiensten als Assistent, Regisseur oder Dramaturg, schließlich selbst Intendant zu werden, ohne auf die damit verbundenen Management-Aufgaben adäquat vorbereitet zu sein. Und dies, obwohl die Managementanforderungen Jahr für Jahr mit immer neuen Themen größer und anspruchsvoller werden und von einer Person nicht mehr in angemessener Professionalität zu bewältigen sind. Dazu gehören:

- modernes Personalmanagement
- Strategisches Management
- Umfeld- und Wettbewerberbeobachtung
- Moderation des Dialogs mit den Stake-Holdern
- moderne Planungsmethoden
- Professionelle Lobbyarbeit
- *Good Governance, Compliance, Corporate Responsibility*
- Betriebsverfassungs- oder Personalvertretungsrecht
- Entwicklungen in den Rechtsgebieten, wie Urheberrecht
- Veränderungen im Gesellschafts- und Arbeitsrecht
- modernes Finanzmanagement (mit der Verwaltung)
- Mediation; Vernetzung; *Diversity,* u.v.a.m.

Ein Intendant steckt heute in der Falle: zwischen präsidialen (Vertretung des Theaters nach außen), strategischen (Zukunftssicherung) und operativen Aufgaben (Personal, Finanzen, Bau und Erneuerung, Vertragsverhandlungen, Sitzungen). Dabei sollte er sich eigentlich auf die **programmatische** und **künstlerische Entwicklung** des Theaters konzentrieren.

Seit der Goethezeit hat sich die formale Rolle des Intendanten nur in wenigen Punkten reformiert (Fischer-Dieskau 2012). Die Theater in Deutschland sind nicht nur in diesem Aspekt seit beinahe 150 Jahren ähnlich strukturiert und deshalb immer wieder mit denselben Problemen beschäftigt, wenn man z. B. betrachtet, wie sehr Intendanten noch immer bei der Vorbereitung und zu Beginn einer neuen Intendanz vom Anspruch ihrer Aufgaben überfordert sind (Reese am Berliner Ensemble, Dercon an der Volksbühne, 2018), welche Fehler sich häufen, wie skrupellos langjährig Beschäftigte entlassen werden, oder wie ehemalige Intendanten, wie der des Wiener Burgtheaters weit über ihre Kompetenzen hinaus gegen die Regeln einer menschlichen Zusammenarbeit verstoßen haben, wovon Briefe der Beschäftigten berichten (Der Standard, 3.2.2018).

Der Umgang mit alternativen Leitungsmodellen, wie **Direktorien** (Mannheim, Lübeck, Dortmund, Jena), die sich gegenüber der Politik viel kompetenter, arbeitsteiliger und vernetzter, und damit stärker und weniger angreifbar aufstellen können, ist der auf präsidiale Betriebssysteme ausgerichteten Politik fremd und suspekt. Deshalb ist leider zu erwarten, dass die Politik die dringend notwendigen

Veränderungen der internen Organisationsstrukturen und der darauf basierenden Prozesse auch auf lange Sicht unterlaufen wird. Dem kann nur begegnet werden, indem sich Teams und Kollektive – sicht- und hörbar – auf Intendanzen bewerben – wie am Theaterhaus Jena – oder sich Theater von sich aus neu aufstellen, indem Intendanten Aufgaben mit Entscheidungsbefugnis auf ihre Kollegen übertragen.

Es geht darum, dass auf diesem Wege **Teams** entstehen, die Verantwortung gemeinsam übernehmen und Aufgaben nach ihren Fähigkeiten und Talenten verteilen, damit neue Gestaltungs- und Verwirklichungsspielräume wie auch größere und festere Netzwerke entstehen. Die Grundkomposition könnte aus einem Direktor Management (Geschäftsführer), einem Künstlerischen Direktor, einem Programm- (Chefdramaturgen) und einem Produktions-Direktor bestehen. Erst mit der Ablösung des Intendanten als absolutistischen Leiter des Theaters und dem Übergang zu einem *Teamorientierten Leitungsmodell* werden sich wesentliche strukturelle Ungleichgewichte lösen lassen. Der Intendant ist der Garant eines subalternen und wenig emanzipierten Abhängigkeitsverhältnisses des Theaters zu seinen Zuwendungsgebern. Mit seiner Funktion wird die vertikale Hierarchie und Kommunikation des Theaters zementiert. Erst wenn der Intendant das Feld für ein Team räumt, wird es möglich, die **fließenden Produktionsprozesse** im Theater endlich so zu organisieren, dass sich die Ressourcen entfalten und kreative Ideen und innovative Lösungen in der Vertikalen freisetzen können, anstatt in der Horizontalen zu verpuffen. Bis dahin wird der chronische Konflikt zwischen zentralisierten Entscheidungs- und Kommunikationswegen und dezentralisierten Produktionsprozessen weiterhin zu Friktionen und Krisen führen, die innerhalb des Intendantenmodelles nicht lösbar sind.

Erosion, Strukturschwächung und nötige Reform der Finanzierung

Eine Reform der Finanzierungssysteme der Theater hat es bis heute nicht gegeben. Seit etwa 60 Jahren erhalten die deutschen Theater und Orchester in der Tendenz stagnierende Zuschüsse[1] mit denen die steigenden Personalkosten finanziert werden müssen, die je nach regionaler Lage zwischen 70 und 80 % an den Gesamtausgaben eines Theaters betragen. Mit den aus Karteneinnahmen erwirtschafteten durchschnittlich 17 % **Eigenmitteln** gelingt es vielen Theatern gerade einmal die Betriebskosten und mit den dann noch verbleibenden Mitteln

[1]Die Zuwendungen verzeichnen in den letzten zwanzig Jahren ein Wachstum unter 2 %, ein Wert unter der Inflationsrate von durchschnittlich 2,2 % (1990–2017).

(ca. 8 %) die künstlerischen Produktionen zu ko-finanzieren, Kostensteigerungen nicht inbegriffen. Die Eigeneinnahmen hätten in den letzten Jahren stetig steigen müssen, damit die Theater die sich immer mehr öffnende **Schere** aus steigenden Gesamtkosten und tendenziell stagnierenden Zuwendungen halbwegs überbrücken – gelungen ist es ihnen nicht. Diese Schere zwischen Bedarf und geflossenen Zuwendungen führt vor allem in den weniger finanzstarken Regionen und kleineren Kommunen zu einer sukzessiven Erosion der Finanzierungsstruktur der Theater. Wenn Städte wie Rostock, oder ganze Bundesländer, wie Sachsen-Anhalt oder Thüringen, ein Nullwachstum bei der Theaterfinanzierung ausrufen, heißt das de facto **Substanzverlust auf lange Sicht** – das Gegenteil von Strukturstärkung und Nachhaltigkeit. Eben dieser Trend muss umgekehrt werden!

Ein großes Problem besteht in der **Abgrenzung** zwischen Theaterleitung und Gesellschaftern. Zum einen gibt es das klassische, wenig zukunftsorientierte Verhältnis, geprägt von Berichterstattung, Kontrolle und Überwachung. Kaum bekannt sein dürfte die Tiefe und Dichte der Berichterstattung der Theaterleitungen und der externen Prüfungen, mittels derer genauestens Rechenschaft abgelegt wird. Andererseits sitzen die Prüfer und die Geprüften gemeinsam – und vermeintlich einvernehmlich – in Gremien und Ausschüssen des *Deutschen Bühnenvereins,* des Arbeitgeberverbandes, der sich auch als Rechtssprecher, Lobbyist und Rechtsvertreter – Legislative, Exekutive und Judikative in einem – versteht.[2]

[2]Interessanterweise haben Intendanten wie Gründgens, u. a. in den 1950er und 1960er Jahren darauf verwiesen, dass es keinen Sinn mache, wenn beide, Theaterleitungen und Gesellschafter zugleich im Bühnenverein sitzen (Lennartz 1996).

6 Theater in Transition

Für die Menschen der Stadt, die das Theater von außen betrachten, und für die Zuschauer, sind die Krisen-Anzeichen kaum bemerkbar. Die Zuschauer stellen fest, dass sich in einigen Theatern der ursprüngliche Fokus, der einmal nur auf der Bühne gelegen hat, nun auf **neue Spielorte** verlegt hat, sie werden feststellen, dass das Theater nicht mehr die alten klassischen Texte in traditionellen Inszenierungen zeigt, sondern neue **Stoffe oder Materialien,** die zeitgenössisch und in neuen Formaten präsentiert werden. Anhand einzelner Indikatoren lässt sich jedoch sehr konkret feststellen, dass sich das öffentlich finanzierte Stadt- und Staatstheatersystem in einer großen Umbruchsituation befindet.

Zwar geht der Bühnenverein noch immer davon aus, dass die öffentlichen deutschen Theater bestens aufgestellt und organisiert sind, aber die Akteure mehren sich, die Änderungen einleiten wollen, allen voran das *ensemble-netzwerk,* aber auch Organisationen wie *art but fair, Pro Quote Frauen* und die Gewerkschaft GDBA, die erst Ende 2017 die Verhandlungen über das vom Bundesland Mecklenburg-Vorpommern erzwungene, fusionierte Staatstheater Nordost aussetzte, weil sich das Land nicht an die Absprache halten will, nach der Fusion endlich wieder nach Flächentarif zu zahlen (nachtkritik 2017b).

Gleichzeitig entwickelt sich mit einer großen künstlerischen Kraft eine Freie, inzwischen deutlicher institutionalisierte **Theaterlandschaft.** Ein Dialog zwischen öffentlichen und Freien Ensembles findet jedoch weiterhin nur punktuell statt und ist dann zumeist geprägt von persönlichen Beziehungen. Auch das von der Kulturstiftung des Bundes (KSB) angestoßene Doppelpassprogramm, das die Zusammenarbeit einzelner Theater mit ausgewählten freien Gruppen unterstützt, schafft es nur punktuell zu fördern – es fehlt ein Konzept der Nachhaltigkeit, ohne die kulturelle Felder nicht in die Zukunft gedacht werden können. Die Krise der öffentlichen Theater ist nicht mehr lösbar ohne Realisierung neuer,

T. Schmidt, *Elemente des deutschen Theatersystems*, essentials,
https://doi.org/10.1007/978-3-658-21002-1_6

gerechter Formen der Zusammenarbeit zwischen freien und den öffentlichen Theatern. Beide haben sich in den letzten Jahren aneinander gerieben und damit wechselseitige Abhängigkeiten herausgebildet. Wenn die Leiter der öffentlichen Häuser sich auf Elemente einer partizipativen, teamorientierten Produktionsweise konzentrieren, würden auch Möglichkeiten einer verstärkten Zusammenarbeit geschaffen. Möglicherweise könnte die Nähe der beiden Szenen eine Vorstufe für ein neues Theatermodell einer gleichberechtigten Zusammenarbeit der freien und öffentlichen Theater sein.

Die Indikatoren für notwendige Veränderungen sind sehr vielfältig. Es sind in erster Linie spezifische Symptome, deren Schwere und Optionen darauf hindeuten, dass wir uns in einem Übergang zu einem neuen Theatersystem, in einer Phase der **Transition** befinden:

1. Die **sinkende Bedeutung des Theaters in der Gesellschaft** ist in vielen Bereichen ersichtlich. In keinem ist der Verlust schmerzlicher als bei jungen Menschen. Verluste gibt es auch in den einkommensstarken Gruppen der 25 bis 50jährigen, die einer Vielfalt an Freizeitangeboten bei sinkenden Zeitbudgets gegenüberstehen, sodass die Wahl immer seltener auf das Theater trifft. Und kaum erreicht wurden die Deutschen migrantischer Herkunft. Interkulturalität (Terkessidis 2010) wird nun allmählich von den Theatern entdeckt, wie auch die Notwendigkeit, durch gezielte **Lobbyarbeit** die Legitimität in der Bevölkerung und bei der Politik zu erhöhen.

   Ohne eine Stärkung der **politischen Legitimität** wird es nicht mehr möglich sein Theater zukunftsfähig zu machen. Theaterleiter müssen von dem Gedanken Abstand nehmen, dass ihnen oder ihren Theatern Zuwendungen der Kommunen und des Bundeslandes „zustehen“. Das einst trotzige *Theater muss sein* des Deutschen Bühnenvereins, aus den 2000er Jahren, ist heute nicht mehr opportun. Es geht darum, genau die Merkmale des Theaters auszubauen und sichtbar zu machen, die für die heutige Gesellschaft wichtig sind.

   Im Mittelpunkt zukünftiger Lobbyarbeit steht von nun an ein klar definiertes **Zukunftspaket.** Politik ist immer auf der Suche nach potenziellen Investitionen in die Zukunft einer Kommune, einer Region, eines Landes, einer Gesellschaft. Oft wird das innovative, entwicklungsorientierte Potenzial der Theater nicht deutlich, weil Strukturen und Verantwortlichkeiten unklar bleiben, und weil die Fragestellungen immer wieder nur um Finanzierungsfragen kreisen, und viel zu wenig um Reformpotentiale und präzise formulierte Möglichkeiten, was Theater der Gesellschaft zurückgeben können. Es geht darum, dass Theater sich genau an den gesellschaftlichen Diskursen und Orten lokalisieren und andocken, wo sie heute und zukünftig benötigt werden. **Nicht das**

Theater, sondern die Gesellschaft definiert die Orte, an denen zukünftig Theater stattfinden soll.

2. Die **Zuschauerzahlen** sind im 30-Jahresdurchschnitt tendenziell gesunken und stagnieren seit fünf Jahren bei etwa 19,8 Mio. Zuschauern, während die Zuschauerzahlen eines deutschen Theaters im Durchschnitt von 140 auf 155 Tausend Zuschauer angestiegen sind – was auf die Fusionen und durch Schließungen ausgelöste **Konzentrations-Prozesse** zurückzuführen ist (DBV 1987–2017). Dies wird zudem ausgelöst durch Überproduktion (s. Pkt. 4) und eine Verstärkung der sogenannten Begleitformate, also all jener ressourcenverschlingenden Zusatzprogramme, durch die zusätzliche Zuschauer ins Theater gelockt werden sollen. Die Theater investieren zudem zunehmend in die *Education* ihrer Zuschauer und Stake-Holder, um die bestehenden Besucher stärker zu binden und neue Zuschauergruppen zu erschließen.
3. Die **chronische Unterfinanzierung** und die *Tendenziell sinkende Rate öffentlicher Subventionen* der deutschen Theater sind ein Beispiel für den Zustand der deutschen Kulturfinanzierung und die fragile finanzielle Situation der Kommunen in den armen und strukturschwachen Gebieten (DBV 1992–2017). Hier sollte **über alternative Finanzierungsformen** nachgedacht werden, zu denen z. B. ein *Kultureller Länderstrukturausgleich* und stärkere Anreizsysteme auf Landesebene zählen (Schmidt 2016). Eine wesentliche Aufgabe besteht hier darin, auch die **Dichotomie** der Theaterlandschaft zwischen Ost und West, sowie reichen und armen Ländern auszugleichen und langfristig aufzuheben.
4. Seit einigen Jahren haben die Theater begonnen, ihre Programme auszubauen, mehr zu produzieren und mehr Vorstellungen zu zeigen, um den Ausfall der Besucherzahlen zu kompensieren. Da hierfür weder zusätzliche finanzielle Ressourcen noch Personal zur Verfügung stehen, wird die **Überproduktion** meist durch Überausbeutung der bestehenden Ressourcen und Beschäftigten erreicht. Das Theatersystem arbeitet auf *Kredit* bei ihren eigenen Mitarbeitern, die sich gegen diese unbezahlte Mehrarbeit nicht wehren können. Einige Theater **drosseln jedoch ihre Produktionen,** um mehr Zeit für Probenprozesse und die Entwicklung der Spielerinnen und Ensembles zu lassen (Oberhausen u. a.). Dieser Prozess sollte sich auf die gesamte Theaterlandschaft ausweiten, um der Überausbeutung der Ressourcen an den Theatern zu begegnen.
5. Die derzeit noch **unflexiblen Produktionsbedingungen** sind das Resultat der starren Strukturen, der archaischen Unternehmenskultur, des hierarchischen Organisationsaufbaus, des Fehlens ausgebildeter Produktionsleiter, und der Vertragsvielfalt an den deutschen Theatern, der eingeschränkten finanziellen Freiräume, vor allem aber der scheinbaren Unüberwindbarkeit der Grenze zwischen administrativen und künstlerischen Bereichen. In den Theatern sperren sich die

Besonderheiten der Verträge des NV-Bühne für die Künstler und künstlerisch Beschäftigten, des TVÖD für die Techniker und Verwaltung und des TVK für die Orchestermusiker wechselseitig aus[1], sodass zum Beispiel für die Endproben einer Oper grundsätzlich ein Zeitraum von zwei Wochen eingeplant werden muss, weil die Dienstzeiten des Orchesters und des Chores eine einwöchige Endprobenzeit gar nicht mehr möglich machen würden. Probenänderungen oder eine Verlegung des Premierentermins sind nur unter großem Aufwand möglich, weil jede Dienständerung bei den Betriebsräten beantragt werden muss. Auch die engmaschige Disposition eines Repertoire-Betriebes bestraft Änderungen und lässt kaum Freiräume zu.

Die inzwischen stärkere Ausrichtung auf einen **Produktionsleiter als Manager** der Produktionsprozesse ist ein Hinweis darauf, dass sich die verhärteten Strukturen entlang der Nahtstellen zwischen künstlerischen und administrativen Bereichen allmählich aufweichen und verändern. Zudem prallen die Optionen neuer Leitungsmodelle (Direktorien, Teamleitungen) und eine stärker gewordene Teamorientierung auf die alte, sehr starre, steile und hierarchische Setzkastenstruktur, in der die *Bausteine* – einzelne Abteilungen oder Mitarbeiter – weder beweglich noch in ihrer Anordnung zueinander veränderbar sind.

6. Auch die eingeschränkte **Partizipation** und **Demokratie** in den Theatern wird zunehmend adressiert. Hier treffen Wirklichkeit und Theorie bereits aufeinander: Das 2015 gegründete *ensemble-netzwerk,* ein Zusammenschluss engagierter SchauspielerInnen, ruft ihre Mitglieder dazu auf, ihre Rechte stärker wahrzunehmen. Dabei fordern sie, dass Ensemblevertreter zukünftig in alle Entscheidungen über künstlerische, personelle und soziale Belange des Theaters einbezogen werden. Dieses Netzwerk hat hohes Potenzial, seinen Forderungskatalog in den nächsten Jahren nachhaltig ausbauen und in den Theatern implementieren zu können.

Die daraus abgeleiteten Zielstellungen – **Stabilität** (Balance), **Nachhaltigkeit** und **Zukunftsfähigkeit,** gepaart mit **künstlerischer Exzellenz** – können als Leitmotive für die zukünftige Umstellung und Reform des Theatersystems in Deutschland betrachtet werden. Dabei handelt es sich um Ziele, die angesichts laufender Auseinandersetzungen um Tariferhöhungen, Intendantenwechsel, Fusionen und

[1]Im Theaterbetrieb kennen wir fünf Personal-Vertragstypen: den NV-Bühne für die Künstlerisch Beschäftigten, den TVöD für die Mitarbeiter von Technik und Verwaltung, den TVK für die Orchestermusiker, den Werkvertrag für Regisseure, Bühnen- und Kostümbildner und den freien Gastvertrag für Schauspieler, Sänger, und Tänzer, die nur für eine Produktion engagiert werden.

Zwangskooperationen oder einschneidende Etatkürzungen – allesamt Charakteristika des Alltags deutscher Theater – systematisch aus den Augen verloren und zugunsten von kurzfristigen Zielen geopfert wurden. Auch die ersten, zaghaften wirtschaftlichen Reformen der Strukturen und Institutionen des öffentlichen Sektors, zu denen die Theater gehören, sind nur halbherzig und einseitig in Angriff genommen worden, konzentriert auf kleinere Veränderungen im Finanzmanagement und der Rechtsform. Reformen im Bereich der Aufbauorganisation und neuer Leitungsmodelle, beim Aufbau von Personal- und Qualitätsmanagement, und bei der Einrichtung neuer Funktionen – wie Produktionsleitung, Lobbyarbeit, Compliance, Strategisches und *Change Management, sowie Beauftragte für Diversität und Lernende Organisation* hingegen, sind bisher ausgeblieben.

7 Optionen für das deutsche Theatersystem

Einige Optionen für das deutsche Theatersystem habe ich bereits verschiedentlich angesprochen (Schmidt 2016). Sie konzentrieren sich auf folgende Themenfelder:

1. **Reform der Organisationsstruktur des Theaters**
   Die Veränderung der Organisationsstruktur des Theaters, um die sich verändernde gesellschaftliche Umwelt besser reflektieren zu können, aber auch um Stabilität und Entwicklungsfähigkeit der Theater herzustellen, muss unter den gegenwärtigen Bedingungen als die vordringlichste Aufgabe angesehen werden, um Theater wieder zukunftsfähig zu machen. Vorschläge betreffen die Transformation des sehr schwerfälligen Theaterkörpers in ein **Fließmodell,** in dessen Zentrum nicht mehr die Abteilungen sondern die **Prozesse** mit den verschiedenen Teams stehen. Mit dem **Produzenten/Kreativen Producer** soll die bereits existierende Funktion des Produktionsleiters weiterentwickelt werden. Zudem muss die Teilung (Dichotomie) der Theater in einen künstlerischen und einen Management-Bereich systematisch aufgehoben werden, durch die Entwicklung eines ganzheitlichen Leitbildes und einer neuen Unternehmenskultur, das Schaffen von Schnittstellen und die Besetzung entsprechender Funktionen mit fähigen, mehrdimensional ausgebildeten Menschen.
2. **Neue Leitungsmodelle**
   Die Implementierung neuer Leitungsmodelle ist die zweite große Aufgabe, um der Mannigfaltigkeit an Leitungsaufgaben gerecht zu werden, und damit zukünftigen Leitern zu ermöglichen auch fachlich und künstlerisch tätig sein können. Dabei geht es in erster Linie darum, die Rolle des Intendanten zu entlasten, auf künstlerische Aufgaben zu konzentrieren und, z. B. in ein Direktorium einzugliedern. Hier habe ich den Einsatz von **Team-Leitungen** und **Direktorien** vorgeschlagen. Dies schließt ein **neues Theatermanagement ein,** bei dem künstlerische Qualität und Entwicklung mit guter Kommunikation,

T. Schmidt, *Elemente des deutschen Theatersystems,* essentials,
https://doi.org/10.1007/978-3-658-21002-1_7

Unternehmenskultur, Personal- und Organisations-Entwicklung, und einem modernen und ethischem Personalmanagement einhergehen, das Machtgebaren völlig ausschließt.

3. **Partizipation, Demokratie**
   Die Suche nach mehr Mitbestimmung bezieht sich darauf, die Ensembles an der Entscheidung über die künstlerische Konzeption, die Budgets, die Besetzung, die Verpflichtung von Regisseuren und Gästen teilnehmen zu lassen. Diese Entscheidungen fielen bislang völlig zu Unrecht unter das Verdikt der *künstlerischen Freiheit* und galten zu lange als unantastbar. Theater ist per se Teamarbeit. Kein Intendant/Regisseur kann es sich heute leisten davon zu sprechen, dass dessen Inszenierung die seinige ist. Die Organisation des künstlerischen Betriebes ist deshalb nicht durch die künstlerische Freiheit eingeschränkt.
4. **Neue Finanzierungsmodelle**
   Hierzu zählen vor allem **neue Verteilungsmodelle.** Die Selbstverständlichkeit mit der Theater heute Jahr um Jahr dieselbe Menge Finanzmittel erhalten, wie auch die automatische Ausstattung mit Ressourcen sollten einer transparenteren und gerechteren Mittelverteilung weichen, auf deren Basis man unmittelbar Einfluss nehmen kann auf die Förder- und damit auch die Theaterstruktur eines Bundeslandes. Die Kulturpolitik wäre in diesem Falle nicht mehr reaktiv, sondern gestaltend und aktivierend, wie es Kulturpolitiker von Hilmar Hoffmann bis Oliver Scheytt immer wieder gefordert haben (Scheytt und Sievers 2010).

   Man kann, z. B. auf Landes-Ebene **Struktur-Ausgleichsmodelle** entwickeln, die vor allem die Theater belohnen, die nach einem klar festgelegten, objektiven Evaluierungs-Raster die besten Ergebnisse und Zukunftsaussichten haben. Einen Schritt weiter würde das Durchbrechen patriarchal-föderaler Strukturen gehen, indem **neutrale Förder-Töpfe,** die überregional und unpolitisch bewirtschaftet werden, ihren Einsatz finden. Hier könnten die verschiedenen Stiftungen, nationalen Projekte und Plattformen andocken, die derzeit noch frei floaten, um dann nachhaltig wirken zu können.
5. **Gerechtigkeit**
   Das Thema der Gerechtigkeit streift jede dieser Teildebatten und sollte sich nicht nur an einem Teilthema aufhalten. Hier gilt es verschiedene Gerechtigkeitslücken zu schließen: bei der Ausstattung der Häuser in Ost und West, oder zwischen den Metropolen und den Regionen; hier könnte eine Art **Ausgleichsfonds** die Spitzen kappen und die Lücken schließen; bei der Bezahlung der Mitarbeiter zwischen den verschiedenen Tarifgruppen, bei den Gagen von Frauen, die oft 1/4 bis 1/3 weniger verdienen als ihre männlichen Kollegen gleichen Alters und ähnlichen Rollenzuschnitts, und zwischen den Gagen der

Intendanten und ihrer Mitarbeiter und Ensembles. Hier könnte die mittelfristige Umstellung auf einen Einheits-Tarif für alle Theatermitarbeiter erste Weichen für eine größere Gerechtigkeit zwischen den Tarifgruppen schaffen.

6. **Diversität, Interkultur und ein *Theater der Diversitäten***
   Das Thema der Diversität umfasst die verschiedenen Facetten einer Gruppe oder Gemeinschaft von Menschen, die Beschäftigung mit diversen Stoffen, die diverse Personalstruktur eines Theaters und die Diversität seiner Konzeptionen. Weitere Aspekte betreffen kulturelle Diversitäten, wie Arbeits- und Lebensstile, Wahrnehmungsmuster, Idiome. Hier spielt auch das Konzept der Inklusion zukünftig eine besondere Rolle. Auch der Begriff der Interkultur knüpft hier unmittelbar an. Er beinhaltet laut Terkessidis Barrierefreiheit und Miteinander, gegenseitiges Lernen und Akzeptanz, statt die oft nur eindimensionale Integration (Terkessidis 2010). Ein zukünftiges *Theater der Diversitäten* greift diese Entwicklungspotentiale auf.
7. **Identität und Kultur – einen Schritt weiter zum Theater der Zukunft**
   Eine der wichtigsten Zukunftsaufgaben des Theaters wird es sein, sich nachhaltig auseinanderzusetzen mit sich schnell verändernden Rahmenbedingungen, Publikumswünschen, Sehgewohnheiten und Diskursen, wie auch mit neuen künstlerischen Stilen, Ausdrucksformen und Formaten. Wissenschaften, Technologien und mit ihnen auch die Künste entwickeln sich in einem rasanten Tempo, dem die derzeitigen Strukturen und die Kultur des Theaters nicht mehr standhalten. Während die Strukturen der Theater in einem nächsten Schritt dringend reformiert werden müssen, besteht kein Zweifel daran, dass sich auch die Identität und die Kultur des Theaters wandeln müssen, hin zu einem weltoffeneren, sich in Netzwerken bewegenden und sich in neuen Kooperationen und institutionellen Formen einbettendem Theater. Die Institution des öffentlichen Theaters, wie wir sie heute kennen, wird es vielleicht 2050 schon nicht mehr geben – bis auf ein Dutzend Theatermuseen in den Metropolen. Theater werden zu künstlerischen und kreativen Multi-Funktions-Unternehmen, deren Kreativer Kern das Theater bleibt, aber das von einer ebenso Kreativen Hülle mit differenzierten Filterfunktionen ummantelt sein wird, in die sich zahlreiche kreative und künstlerische Netzwerke, Teams und Kollektive verlinken und einbetten, und deren künstlerische Inhalte den Theaterkern ebenso beeinflussen, wie der Theaterkern seine Hülle. Aus Fließsystemen, wie ich sie als Übergangslösung vorschlage, können sich dann von Standort zu Standort differenzierte, netzwerksartige Produktions- und Organisationssysteme entwickeln, in einer Art künstlerischer Symbiose mit ihrer Umwelt. Die Einbettung in eine selektierte Umwelt, die Hülle mit Filterfunktion und die künstlerische Symbiose werden die Zukunft des Theaters wesentlich und nachhaltig bestimmen – als eine mögliche Option.

8. **Ethik und Compliance (Good Governance)**
   Unternehmens-Ethik und *Compliance* sind zwei Begriffe die unter dem Oberbegriff der *Corporate Governance* wirken. Die Ethik eines Unternehmens umfasst alle Regularien und unternehmens-kulturellen Konzepte eines Theaters im Umgang der Leitung mit ihren Stake-Holdern und mit ihren Mitarbeitern, der Mitarbeiter untereinander und mit Institutionen und Partnerorganisationen, um von vornherein Konfliktlinien und Angriffsmöglichkeiten auszuräumen. Dies beinhaltet auch, jegliche Form von Machtmißbrauch zu verhindern. *Compliance* betrifft das regeltreue Verhalten im Sinne der zu befolgenden Gesetze, aber auch der internen Gesetze und Regeln eines Theaters, die den Aspekt der Ethik *Eins zu Eins* reflektieren. Die Gesamtheit aller Konzepte und Maßnahmen geht ein in einem sogenannten *Compliance-Management-System,* mit dem es den einzelnen Mitarbeitern und Leitern erleichtert werden soll, Regeln zu befolgen, Regeln zu überprüfen und zu verwerfen und sogar neue Regeln aufzustellen (Krügler 2011: 50).

Fazit

8

Die deutsche Theaterlandschaft ist der größte kulturelle Komplex in Deutschland, mit über 40.000 Mitarbeitern, 130 öffentlichen Theatern, 10 Produktionshäusern, zahlreichen Festivals und freien Gruppen. Das öffentliche Theater ist darin die größte und bedeutendste Teilgruppe. Sie ist von spezifischen Merkmalen geprägt, die sich derzeit in einem Prozess der Wandlung befinden. Neue Merkmale kommen hinzu (Interdisziplinarität, Interkulturalität, Diversität), während andere um ihren Stellenwert kämpfen (Repertoire, Ensemble).

Die wirtschaftliche Struktur der öffentlichen Theater ist durch ein starkes West-Ost-Gefälle geprägt. Die Dreiteilung in Staatstheater, Stadt- und Landestheater wird in den kommenden Jahren einem starken Belastungstest unterworfen sein. Vor allem die Stadttheater mit ihrer Tendenz zur Überproduktion verlieren Zuschauer und das Vertrauen der Politik.

Um die Zukunft der Theater nachhaltig abzusichern, muss zuerst deren Strukturkrise gelöst werden: durch neue Organisations- und Leitungsmodelle. Zudem müssen Aspekte wie Partizipation, Gerechtigkeit, Diversität, Interkulturalität, Ethik/Good Governance, die neue Kultur eines lernenden *Theaters der Diversitäten* definieren. Diese neue Kultur wird die Grundlage sein für die Neuausrichtung der Theater: hin zu stärkeren Spezialisierungen und Profilierungen, zu Vernetzung und Einbettung, zu neuen Finanzierungs- und Kooperationsmodellen – die Kultur eines Theaters, das sich wieder stärker mit den Lebens- und Kommunikationswelten der Menschen verknüpft als in den letzten Jahrzehnten, und das die utopischen Potentiale die es in sich trägt, auch realisiert.

Unsere Theaterlandschaft ist noch immer die reichhaltigste und dichteste der Welt. Die Substanz, über die wir verfügen ist belastbar genug, um ein modernes Netz an künstlerisch hochwertigen, international angesehenen Theaterangeboten zu schaffen, die ein wichtiger Bestandteil unserer kulturellen Zukunft und der unserer Kinder sein sollten.

T. Schmidt, *Elemente des deutschen Theatersystems*, essentials,
https://doi.org/10.1007/978-3-658-21002-1_8

Was Sie aus diesem *essential* mitnehmen können

- die wesentlichen Merkmale und Elemente des deutschen Theatersystems,
- die Rahmenbedingungen der Theaterbetriebe und deren Einfluss,
- die aktuelle Gliederung und Wirtschaftsstruktur der deutschen Theater,
- die Leistungsfähigkeit und Wirksamkeit der Theater,
- der kombinierte Performance-Index als Messgröße für die Leistung eines Theaters,
- die Krisen des Theaters und deren Merkmale, sowie
- die Entwicklungsoptionen für die Zukunft der Theaterlandschaft.

Dabei geht dieses essential auf die drei wesentlichen Krisen der Theater ein:

- die strukturelle und kulturelle Krise,
- die Krise der Überproduktion und
- die Legitimationskrise.

Die wichtigsten Zielstellungen für die Zukunft der Theater sind:

- Strukturelle Stabilität und kulturelle Balance zwischen den künstlerischen und betrieblichen Bereichen,
- Nachhaltigkeit und Zukunftsfähigkeit, sowie
- Künstlerische Exzellenz.

T. Schmidt, *Elemente des deutschen Theatersystems*, essentials,
https://doi.org/10.1007/978-3-658-21002-1

Die Optionen für die Zukunft der Theater bestehen in folgenden Feldern:

- Reform der Organisationsstruktur und Unternehmenskultur der Theater,
- Implementierung neuer Leitungsmodelle,
- Förderung von Partizipation und Gerechtigkeit,
- Entwicklung einer neuen Identität und Kultur eines lernenden Theaters der Diversitäten,
- Förderung von Diversität und Interkulturalität, wie auch von
- Ethik und Compliance im Theaterbetrieb.

Literatur

Baumol B (1966) Performing arts – an economic dilemma. MIT Press, Cambridge
DBV (1988–2017) Theaterstatistiken des Deutschen Bühnenvereins, Köln, 1990–2017
Fischer-Dieskau D (2006) Goethe als Intendant. Deutscher Taschenbuch Verlag, München
Föhl P (2011) Kooperationen und Fusionen von öffentlichen Theatern. Theoretische Grundlagen, Empirische Untersuchungen und Gestaltungsempfehlungen. VS Springer, Wiesbaden
Göpfert C-J (2012) Reeses Gehalt wächst kräftig. Frankfurter Rundschau, 18. Juni
Höhne S (2009) Kunst- und Kulturmanagement: Eine Einführung. Fink & UTB, Paderborn
Höhne S, Baumgarth C, Ziegler RP (Hrsg.) Höhne (2014) Kulturbranding IV: Konzepte, Erkenntnisse und Perspektiven zur Marke im Kulturbereich (Weimarer Studien zur Kulturpolitik und Kulturökonomie 9), Leipziger Universitäts-Verlag
Klein-Blenkers F (2009) Rechtsformen der Unternehmen. C. F. Müller, München
Kröhnert S (2010) Bevölkerungsentwicklung in Ostdeutschland, Online-Handbuch Demografie, Stand: 2010, Berlin-Institut für Bevölkerung und Entwicklung. berlin-institut.org. Zugegriffen: 12. Dez. 2017
Krügler E (2011) Compliance – ein Thema mit vielen Facetten. Umweltmagazin 2011(7/8), S 50
Lennartz K (1996) Theater, Künstler und die Politik. 150 Jahre Deutscher Bühnenverein. Henschel Verlag, Berlin
Leonhardt R, (1964) Theater in der DDR und besonders Brecht. Die Zeit, 12. Juni
Lessing GE (1999) Hamburgische Dramaturgie, Reclam, Philipp, jun. GmbH, Verlag (Erstveröffentlichung 1769)
Mandel B (2008) Audience Development, Kulturmanagement, Kulturelle Bildung, Kulturvermittlung. koaped, München
Mandel B (2016) Teilhabeorientierte Kulturvermittlung: Diskurse und Konzepte für eine Neuausrichtung des öffentlich geförderten Kulturlebens (Schriften zum Kultur- und Museumsmanagement). Transcript, Bielefeld
Mau S (2016) Das metrische Wir. Suhrkamp, Frankfurt a. M.
Mintzberg H (1992) Die Mintzberg-Struktur: Organisationen effektiver gestalten. Landsberg/Lech, Moderne industrie
Nachtkritik (2016) Was wäre, wenn? – Presseschau vom 30. Dezember 2016 – In der Berliner Zeitung denkt Ulrich Seidler an Berliner Beispielen über die Zukunft des Ensemble-Begriffs nach. nachtkritik.de. Zugegriffen: 30. Nov. 2017

T. Schmidt, *Elemente des deutschen Theatersystems,* essentials,
https://doi.org/10.1007/978-3-658-21002-1

Nachtkritik (2017a) Neuverhandlung ist entschieden. Theatervertrag für die Bühnen Halle gescheitert, 15.6.2017. nachtkritik.de. Zugegriffen: 15. Juni 2017

Nachtkritik (2017b) Differenzen in Nordost. Gewerkschaften brechen Tarifverhandlungen für Staatstheater Nordost ab. 17.11.2011. nachtkritik.de. Zugegriffen: 20. Nov. 2017

Rakow C (2017) Heimvorteil. Debatte um die Zukunft des Stadttheaters XXX – Christian Rakow widerspricht Dieter Haselbachs Forderung nach einem Ende des Stadttheatersystems. nachtkritik.de vom 9.2.2017. Zugegriffen: 30. Nov. 2017

Reckwitz A (2017) Die Gesellschaft der Singularitäten. Suhrkamp, Frankfurt a. M.

Renz T (2015) Nicht-Besucherforschung: Die Förderung kultureller Teilhabe durch Audience Development. Transcript, Bielefeld

Röper M (2001) Theatermanagement. Böhlau, Weimar

Rühle G (2007) Theater in Deutschland 1887–1945: Seine Ereignisse – seine Menschen. Fischer, Frankfurt a. M.

Rühle G (2014) Theater in Deutschland 1945–1966: Seine Ereignisse – seine Menschen. Fischer, Frankfurt a. M.

Scheytt O, Sievers N (2010) Kultur für alle! Hilmar Hoffmann zum 85. Geburtstag. Ein Kommentar. Kulturpolitische Mitteilungen 3(130)

Schmidt T (2011) Theater im Wandel. Vom Krisenmanagement zur Zukunftsfähigkeit. Jahrbuch Kulturmanagement 2011: 161–180

Schmidt T (2012) Theater-Management. Eine Einführung. VS Springer, Wiesbaden

Schmidt T (2013a) Der kreative Produzent, Überlegungen zu einer Schnittstellenfunktion zwischen Kunst und Management in Kulturunternehmen, am Beispiel des dt. Theaters in: Jahrbuch Kulturmanagement

Schmidt T (2013b) Auf der Suche nach der zukünftigen Struktur. Für eine Transformation des deutschen Theatersystems. In: Schneider W (Hrsg) Theater entwickeln und planen. Kulturpolitische Konzeptionen zur Reform der Darstellenden Künste. Transcript, Bielefeld, S 191–213

Schmidt T (2016) Theater, Krise und Reform. Eine Kritik des deutschen Theatersystems. VS Springer, Wiesbaden

Schmidt T (2017a) Der informierte Künstler. Debatte um die Zukunft des Stadttheaters XXXI – Thomas Schmidt modelliert das neue Mitbestimmungstheater. nachtkritik.de. Zugegriffen: 1. Mai 2017

Schmidt T (2017b) Qualitative Performance des Theaters – ein Modell für die Untersuchung der deutschen Stadt-, Landes- und Staatstheater. Z Kulturmanag 2017(3): 137–164

Schneider W (Hrsg) (2011) Theater und Migration: Herausforderung für Kulturpolitik und Theaterpraxis. Transcript, Bielefeld

Schneider W (Hrsg) (2013) Theater entwickeln und planen. Kulturpolitische Konzeptionen zur Reform der Darstellenden Künste. Transcript, Bielefeld

Terkessidis M (2010) Interkultur, edition suhrkamp. Suhrkamp, Frankfurt a. M.

Printed in the United States
By Bookmasters